기독교문서선교회(Christian Literature Center: 약칭 CLC)는 1941년 영국 콜체스터에서 켄 아담스에 의해 시작되었으며 국제 본부는 미국 필라델피아에 있습니다. 국제 CLC는 59개 나라에서 180개의 본부를 두고, 약 650여 명의 선교사들이 이동 도서차량 40대를 이용하여 문서 보급에 힘쓰고 있으며 이메일 주문을 통해 130여 국으로 책을 공급하고 있습니다. 한국 CLC는 청교도적 복음주의 신학과 신앙 서적을 출판하는 문서선교기관으로서, 한 영혼이라도 구원되길 소망하면서 주님이 오시는 그날까지 최선을 다할 것입니다.

시편 23편 강해

부족함이 없는 삶의 비결

여호와는 나의 목자시니 내게 부족함이 없으리로다

The LORD is my shepherd, I shall not be in want

(시편 23:1)

A practical Exposition on Psalm 23
Written by Young Min Kim
All rights reserved.
Korean Edition Copyright ⓒ 2024 by Christian Literature Center, Seoul, Korea.

시편 23편 강해
부족함이 없는 삶의 비결

2024년 06월 14일 초판 발행

지 은 이	|	김영민
편 집	|	진애란
디 자 인	|	이보래
펴 낸 곳	|	(사)기독교문서선교회
등 록	|	제16-25호(1980. 1. 18.)
주 소	|	서울특별시 동대문구 천호대로71길 39
전 화	|	02-586-8761~3(본사) 031-942-8761(영업부)
팩 스	|	02-523-0131(본사) 031-942-8763(영업부)
이 메 일	|	clckor@gmail.com
홈페이지	|	www.clcbook.com
송금계좌	|	기업은행 073-000308-04-020 (사)기독교문서선교회
일련번호	|	2024-67

ISBN 978-89-341-2701-7(03230)

이 책의 출판권은 (사)기독교문서선교회가 소유합니다.
신저작권법에 의하여 한국 내에서 보호를 받는 저작물이므로 무단 전재와 무단 복제를 금합니다.

PSALMS

부족함이 없는 삶의 비결
시편 23편 강해

김영민 지음

CLC

목차

저자 서문   7

제1장   여호와는 나의 목자(시 23:1)   11

1. 인간은 방향을 잃고 사는 존재입니다   15
2. 인간은 자기를 지키고 보호할 수 없는 나약한 존재입니다   17
3. 인간은 자신의 가장 절실한 욕구를 해결할 수 없는 존재입니다   19
4. 인간은 너무나 쉽게 오염되는 존재입니다   20

제2장   부족함이 없는 삶(시 23:1)   31

1. 늘 선한 목자이신 하나님 안에 거하며 살았기 때문입니다   36
2. 선한 목자이신 하나님 안에서 훨씬 더 크고 값진 축복을 소유했기 때문입니다   45

제3장   참된 안식의 삶(시 23:2)   51

1. 두려움과 불안이 없어야 합니다   53
2. 갈등과 긴장이 없어야 합니다   56
3. 내부적으로, 외부적으로 괴로움을 받지 않아야 합니다   58
4. 배고픔과 목마름이 없어야 합니다   61

| 제4장 | 내 영혼이 소생(蘇生)하는 삶(시 23:3) | 68 |

1. 하나님께 대한 범죄로 인해 영적 침체가 발생합니다   72
2. 힘들고 고통스러운 상황으로 인해 영적 침체가 발생합니다   76

| 제5장 | 의의 길로 인도함을 받는 삶(시 23:3) | 86 |

| 제6장 | 해(害)를 두려워하지 않는 삶(시 23:4) | 104 |

| 제7장 | 안위(安慰)함을 받는 삶(시 23:4) | 122 |

| 제8장 | 원수의 목전에서 상(床)을 차려 주시는 삶(시 23:5상) | 139 |

| 제9장 | 내 잔이 넘치는 삶(시 23:5하) | 155 |

1. 해충들과 피부병으로부터 양들을 보호하기 위해서입니다   157
2. 서로 싸우지 않고 화목하게 지내도록 하기 위해서입니다   161
3. 양들의 상처를 치유하기 위해서입니다   162
4. 양들이 각자 목자와의 사랑의 관계를 확인하고, 목자의 사랑을 깊이 느끼도록 하기 위해서입니다   168

제10장 선하심과 인자하심이 나를 따르는 삶(시 23:6상) 172

1. '나'를 향하신 하나님의 신실하심입니다 176
2. 하나님의 선하심과 인자하심이 '내 뒤'를 따릅니다 178
3. 하나님의 선하심과 인자하심은 '일평생 동안' 내 뒤를 따릅니다 185

제11장 여호와의 집에 영원히 사는 삶(시 23:6하) 188

1. 늘 하나님을 사모하며 그분과 교제하기를 힘써야 합니다 191
2. 내 인생이 나그네 인생임을 기억해야 합니다 194
3. 영원한 본향으로 돌아갈 준비를 철저히 해야 합니다 197

저자 서문

김 영 민 목사

길벗교회 담임

　시편에는 어둡고 거칠고 가파른 인생길을 걸어가는 우리에게 밝은 빛을 비춰 주는 주옥과도 같은 신앙시(信仰詩)가 150편 기록되어 있습니다. 그중에서 단연 진주와 같이 맑고 은은하게 빛나는 시가 바로 시편 23편입니다. 그래서 시편 23편은 "시편의 진주" 혹은 "시편의 백미(白眉)"로 잘 알려져 있습니다. 시편 23편은 시대를 초월하여 헤아릴 수 없이 많은 사람에게 감동을 주며 애송되고 있습니다.

　광야 길을 걸어가는 우리 그리스도인들에게 있어서 시편 23편보다 더 사랑받는 말씀이 있겠습니까?

　험난한 인생살이에서 수많은 어려움과 위기에 봉착(逢着)하여 두려워하고 슬퍼하고 낙망하는 우리에게 시편 23편은 참소망을 주고 새 힘을 주는 능력의 말씀입니다.

　수많은 그리스도인이 고난과 슬픔과 실패로 인하여 낙심될 때 이 시를 통하여 새 힘과 용기를 얻었습니다. 병상에서 고통과 두려움으로 신음할 때 이 시를 통하여 참된 위로와 평안을 얻었습니다. 그리고 죽음의 두려움이 엄습할 때 이 시를 통하여 두려움을 떨쳐 버리고 하늘나라의 참소망을 가지고 담대함으로 죽음을 맞이했습니다.

시편 23편만큼 하나님과 우리와의 관계를 명확하게 알려 주는 진리는 없습니다. 시편 23편은 하나님과 우리와의 관계를 목자와 양의 관계로 설명합니다. 하나님은 우리의 목자시고, 우리는 그분이 기르시는 양입니다(시 74:1; 95:7; 100:3). 목동 출신 다윗은 소년 시절의 실제적인 체험과 일생의 경험을 통하여 하나님과 인간 사이의 관계를 가장 잘 보여 주기 위해 하나님을 목자로, 인간을 양으로 묘사하고 있습니다. 양과 인간은 유사한 점이 너무나 많기 때문입니다.

양은 자기 혼자서는 결코 살 수 없는 존재입니다. 목자는 양의 생명의 근원이며 존재와 생존의 토대입니다. 오직 양은 목자를 철저하게 의존해야만 살 수 있습니다. 목자가 양들에게 필요한 모든 양식과 물을 공급할 때만 양들은 풍성한 꼴을 먹고 시원한 물을 마실 수 있습니다. 목자가 양들을 지킬 때만 양들은 생명과 안전을 보장받을 수 있습니다. 목자가 양들이 가야 할 길을 인도할 때만 양들은 길을 잃지 않고 목적지까지 갈 수 있습니다.

인간 역시 목자이신 하나님이 없이는 결코 살 수 없는 존재입니다. 인간은 철저하게 목자이신 하나님을 의존할 때만 살 수 있습니다. 목자이신 하나님께서 우리에게 필요한 하늘의 양식과 신령한 생수를 공급해 주실 때만 풍성한 꼴을 먹고 시원한 물을 마실 수 있습니다.

목자이신 하나님께서 우리를 지키실 때만 생명과 안전을 보장받을 수 있습니다. 목자이신 하나님께서 우리가 가야 할 길을 인도하실 때만 길을 잃지 않고 목적지까지 잘 갈 수 있습니다. 양인 우리의 진정한 해답은 오직 목자이신 하나님이십니다.

그러기에 양인 우리는 목자이신 하나님을 철저히 의존해야 하고, 그분의 인도하심에 온전히 순종해야 합니다. 그때 양인 우리는 목자이신 하나님의 품 안에서 부족함이 없는 삶을 살 수 있습니다. 목동 시절의 실제적인 체험과 이제까지 살아온 인생의 경험을 통하여 다윗은 이 진리를 시편 23편에서 그림같이 표현하고 있습니다.

여호와는 나의 목자시니 내게 부족함이 없으리로다(시 23:1).

저도 이제까지 짧지 않은 인생을 살아오면서 굽이굽이마다 어둡고 거칠고 가파른 지점들을 많이 만났습니다. 그때마다 시편 23편을 묵상하며 선한 목자이신 하나님을 의뢰하는 믿음으로 그 굴곡진 지점들을 통과해 왔습니다. 저 역시 제가 걸어온 인생의 뒤안길을 돌이켜 보면서 다윗처럼 가슴 벅찬 감격으로 시편 23편을 고백합니다.

여호와는 나의 목자시니 내게 부족함이 없으리로다(시 23:1).

이런 가슴 벅찬 감격을 사랑하는 성도들과 함께 나누기 위하여 열한 번에 걸쳐서 주일마다 시편 23편을 강해해 왔습니다. 시편 23편의 말씀을 묵상하면서 우리는 함께 위로받고 힘을 얻고 참된 소망을 가지게 되었습니다. 특별히 여러 가지 어려운 문제로 고통당하고 있는 성도들에게 시편 23편은 세상이 줄 수 없는 위로와 소망을 주었고, 특히 고난을 이겨 나갈 수 있는 믿음과 힘을 주었습니다.

시편 23편 강해를 준비할 때 이미 시편 23편을 설교한 여러 설교자와 주석으로부터 다양한 통찰력을 얻었고, 여러 가지 도움을 받았습니다. 그렇지만, 가장 도움을 많이 주신 분은 말씀의 저자이신 '성령님'이었습니다. 성령님의 조명하심과 깨닫게 하심, 그리고 도우심이 없었다면, 시편 23편 강해 설교 준비와 실제 설교는 불가능했을 것입니다.

본문을 붙들고 기도하며 씨름할 때마다 성령님께서는 본문의 의미를 알게 해 주셨고, 깨닫게 해 주셨습니다. 그리고 매 주일 강단에서 선포할 때마다 성령님께서는 함께하시면서 도우셨습니다.

이 책이 나오기까지 30여 년을 길벗교회에서 목회하는 동안 한결같은 마음으로 동역해 주신 당회원들과 모든 성도님, 그리고 교역자들에게 진심으로 감사를 드립니다. 또한, 부족한 저의 곁에서 늘 사랑하는 마음으로 염려하고 기도하며 필요한 조언과 격려와 도움을 아끼지 않는 사랑하는 아내에게도 진심으로 고마운 마음을 전합니다.

이 강해집이 하나님과 우리와의 관계가 목자와 양의 관계임을 인식하고, 그 하나님과 인격적인 친밀한 사랑의 관계를 맺으면서 늘 그분과 친밀히 교제하는 삶을 사는 데 도움이 되기를 바랍니다. 그리고 험한 인생길을 걸어가는 우리가 선한 목자이신 하나님만을 전적으로 의뢰하며 그분의 인도하심에 온전히 순종함으로 다윗처럼 부족함이 없는 삶을 살 수 있기를 바랍니다.

선하시고 인자하신 나의 목자이신 하나님께 모든 영광을 올려 드립니다.

Soli Deo Gloria!

할렐루야!

제1장
여호와는 나의 목자(시 23:1)

[시 23:1] 여호와는 나의 목자시니 내게 부족함이 없으리로다

시편 23편은 "시편의 진주", "시편의 백미(白眉)"로 불리는 유명한 시입니다. "설교의 황태자"(Prince of Preachers)라고 불렸던 찰스 스펄전(Charles H. Spurgeon, 1834-1892) 목사님은 시편 23편을 가리켜서 "시편의 진주"라고 말했습니다. 이 시는 시대를 초월하여 헤아릴 수 없이 수많은 사람에게 감동을 주며 애송되고 있습니다.

특히, 험난한 세상살이 속에서 수많은 어려움과 문제에 봉착(逢着)하여 두려워하고 슬퍼하며 낙망하는 하나님의 백성들에게 참소망을 주고 새 힘을 주는 능력의 말씀입니다.

미국의 대표적인 기독교 베스트셀러(bestseller) 작가이며 설교자인 맥스 루케이도(Max Lucado)가 쓴 『짐을 버리고 길을 묻다』(Traveling Light)라는 책에 보면 이런 내용이 기록되어 있습니다.

어느 날 갑자기 친한 친구로부터 연락이 왔습니다.

"의사가 그러는데 며칠 못 넘길 거래."

맥스 루케이도는 즉시 병원으로 달려갔습니다. 병실에서 친구의 얼굴을 대하는 순간, 상태가 얼마나 심각한지 단박에 알 수 있었습니다. 얼굴은 백지장처럼 창백했습니다. 입술은 바짝 말라붙어 있었고 갈라져 있었습니다. 친구의 모습은 망가진 우산처럼 뼈와 가죽만 남은 꼴이었습니다. 입맛도, 기력도, 살 힘도 다 떨어져 있었습니다.

그러나 제아무리 무서운 암이지만 그 친구의 믿음만큼은 어쩌지 못했습니다. 맥스 루케이도는 침대 곁에 의자를 끌어다 놓고 친구의 손을 꽉 잡고 시편 23편을 소곤소곤 들려주었습니다.

> [시 23:1] 여호와는 나의 목자시니 내게 부족함이 없으리로다

그러자 친구는 말씀을 간절히 고대하고 있었다는 듯이 고개를 돌려 맥스 루케이도를 바라보았습니다.

> [시 23:2-3] 그가 나를 푸른 풀밭에 누이시며 쉴 만한 물가로 인도하시는도다 내 영혼을 소생시키고 자기 이름을 위하여 의의 길로 인도하시는도다

이어서 4절 말씀을 암송하려고 하는데 문득 이 친구가 이제는 자신이 들려주는 말씀을 못 들을지도 모른다는 불안감이 생겼습니다. 그래서 친구의 귓가에 입을 바짝 대고 말씀을 암송했습니다.

[시 23:4] 내가 사망의 음침한 골짜기로 다닐지라도 해를 두려워하지 않을 것은 주께서 나와 함께 하심이라 주의 지팡이와 막대기가 나를 안위하시나이다

친구는 눈을 뜨지 않았습니다. 눈꺼풀만 가늘게 떨렸습니다. 그리고는 아무 말도 없이 맥스 루케이도의 손을 꽉 움켜쥐었습니다. 그 순간 맥스 루케이도는 친구가 '죽음의 공포'라는 무거운 짐을 다 내려놓도록 주님께서 도우셨다는 확신이 들었습니다.

이처럼 시편 23편은 험난한 세상을 살면서 수많은 어려움과 위기와 문제에 봉착하여 두려워하고 슬퍼하며 낙망하는 하나님의 백성들에게 그것을 이길 수 있는 새 힘을 공급해 주는 능력의 말씀입니다. 그러기에 시편 23편만큼 성도들로부터 깊은 사랑을 받는 말씀도 없을 것입니다. "강해 설교의 왕자"(Prince of Expository Preachers)라고 불렸던 알렉산더 맥클라렌(Alexander Maclaren, 1826-1910)은 말했습니다.

> 시편 23편을 읽고 눈물을 닦아보지 않은 사람을 어떻게 성도라고 말할 수 있겠느냐?

다윗은 시편 23편을 시작하면서 "여호와는 나의 목자"라고 고백합니다. 다윗은 시편 23편을 "여호와"로 시작하고 있습니다. 그리고 "여호와"로 마칩니다.

[시편 23:1, 6] **여호와**는 나의 목자시니 내게 부족함이 없으리로다 … 내가 **여호와**의 집에 영원히 살리로다

다윗은 시편 23편에서 푸른 풀밭과 쉴만한 물가를 노래하고 있지만, 그가 말하려고 하는 핵심은 평안과 안식이 아닙니다. 사망의 음침한 골짜기를 이야기하고 있지만, 그가 말하려고 하는 중심은 보호가 아닙니다. 다윗이 시편 23편을 쓴 가장 중요한 이유는 자신이 하나님을 더 깊이 신뢰하며 온전히 의탁하기 위해 하나님이 어떤 분인지를 보여 주기 위해서였습니다.

하나님이 어떤 분이시고, 자신이 어떤 존재인지를 보여 주면서 하나님께 대한 신뢰를 더욱 공고히 하고 그분을 온전히 의탁하기 위해 시편 23편을 작시(作詩)했습니다. 그래서 그는 시편 23편의 첫 단어인 "여호와"를 설명하기 위해 15개의 어휘를 동원하고 있습니다.

다윗은 일생의 체험을 통해 하나님과 인간과의 관계를 가장 잘 보여 주기 위하여 하나님을 목자로, 인간을 양으로 묘사하고 있습니다. 따라서, 우리가 '목자'이신 하나님을 잘 알고 그분을 온전히 신뢰하며 의탁하기 위해서는 먼저 '양'인 우리 인간의 모습을 잘 알아야 합니다. 성경은 우리 인간을 "길을 잃고 헤매는 양"으로 묘사하고 있습니다.

[사 53:6] 우리는 다 양 같아서 그릇 행하여 각기 제 길로 갔거늘 …

그렇다면 성경이 우리 인간을 양으로 묘사하는 이유가 무엇입니까?
양들과 인간 사이에 유사한 점이 참 많기 때문입니다. 우리는 양의 모습을 통해 타락한 우리 인간의 모습이 어떠한지를 잘 알 수 있습니다.

1. 인간은 방향을 잃고 사는 존재입니다

> [사 53:6] 우리는 다 양 같아서 그릇 행하여 각기 제 길로 갔거늘 …

이것이 하나님을 떠나 죄 가운데서 방황하며 사는 인간의 모습입니다. 그 길이 분명히 잘못된 길임에도 불구하고 각자 제 길로 가는 것이 인간입니다. 유명한 가수 프랭크 시내트라(Frank Sinatra)가 부른 노래 가운데 〈마이 웨이〉(My Way)라는 유명한 노래가 있습니다. 이 노래에는 "나의 길을 가련다"라는 가사가 나오고, "마이 웨이"(my way)라는 말이 네 번이나 반복해서 나옵니다. "마이 웨이"(my way), 이것이 타락한 인간의 모습입니다. 인간은 누구나 자기 뜻대로 하고 싶어 합니다.

하나님께서는 말씀하십니다.

"얘야, 정말 쉬운 길이 있단다. 바른길이 있단다. 가장 좋은 길이 있단다. 내가 그 길을 알려 주마."

그러나 인간은 이렇게 대답합니다.

"쉬운 길이 있다고요?
바른길이 있다고요?
가장 좋은 길이 있다고요?
하나님께서 그 길을 알려 주시겠다고요?

놔두세요. 신경 쓰지 마세요. 내 길은 내가 알아서 갑니다."

이것이 양이, 소나 말이나 개나 고양이를 비롯한 다른 짐승들과 구별되는 모습입니다. 양은 방향 감각이 아주 둔한 동물입니다. 그러면서도 고집이 센 짐승입니다. 이란이나 이라크와 같은 중동 지방에서 통용되는 가장 상스러운 욕 중의 하나가 "양 같은 놈"이라는 말입니다. 이 욕은 중동 지방 사람들이 가장 듣기 싫어하는 천박하고 치욕적인 욕설입니다. 그들에게 있어서 '양'이라는 동물은 생각이 모자라고 어리석으며 고집이 세고 다른 사람들의 말에 귀를 기울일 줄 모르고 지저분한 짐승의 대명사입니다.

소나 말이나 개나 고양이나 다른 동물들은 다 자신의 집이나 거처를 찾아갈 수 있지만, 양만은 그렇게 하지 못합니다. 양은 시력이 매우 나쁘기에 15미터 앞을 잘 보지 못한다고 합니다. 바로 코앞에 낭떠러지가 있어도 못 보고 앞으로 갑니다. 양은 방향 감각이 아주 둔하기에 자주 길을 잃고 엉뚱한 길로 갑니다. 그리고 엉뚱한 길로 가면서도 자신이 어디를 향해 가고 있는지조차도 모릅니다.

오늘도 우리 주변에는 엉뚱한 곳으로 가면서도 자기가 어디를 향해 가고 있는지조차도 모른 채 무턱대고 인생길을 걸어가고 있는, 길 잃고 방황하는 사람들이 너무나 많이 있습니다. 그들은 인생의 가장 중요한 네 가지 질문도 모른 채 인생을 살고 있습니다.

인생의 가장 중요한 네 가지 질문은 다음과 같습니다.

"나는 어디서부터 왔는가?"
"나는 왜 이 땅에서 사는가?"
"나는 지금 어디로 가고 있는가?"
"내가 죽으면 어떻게 되는가?"

그런데 그들은 이 질문들을 알지 못하고 마치 길 잃은 양처럼 방향 감각을 잃고 각기 제 길로 가고 있습니다. 그들이 바로 내 곁에서 지금 나와 함께 사는 사람들입니다. 내 아내, 내 남편, 내 자녀, 내 부모 형제들입니다. 내가 매일 만나는 사람들입니다. 직장과 일터에서 만나는 동료들입니다. 매일 내 곁을 스치고 지나가는 사람들입니다.

2. 인간은 자기를 지키고 보호할 수 없는 나약한 존재입니다

모든 생물은 저마다 자기를 방어하고 보호할 방법과 무기를 가지고 있습니다. 메뚜기나 카멜레온이나 청개구리와 같은 곤충이나 파충류는 자기의 몸 색깔을 주위의 자연 색상과 비슷하게 변신시키는 보호색을 가지고 자기를 지킵니다. 날카로운 발톱이나 부리나 이빨 등으로 자신을 방어하는 동물들도 있습니다. 또한, 원숭이나 타조 같은 동물들은 재빠르게 나무에 올라가거나 빨리 도망쳐서 자신을 지킵니다. 뱀은 독 있는 이빨을 가지고 있고, 스컹크는 고약한 냄새를 풍겨 자신을 보호합니다.

그러나 양은 자기를 스스로 지키고 보호할 수 있는 아무런 방법과 수단을 가지고 있지 않습니다. 적들을 대항해서 공격하거나 방어할 만한 어떠한 무기나 수단도 가지고 있지 않습니다. 송곳니도 없고 날카로운 발톱도 없습니다. 물어뜯을 줄도 모르고 빨리 달리는 재주도 없습니다. 완전히 무방비 상태로 노출된 것이 바로 양입니다. 싸움도 못 하고 방어도 못 하고 제대로 도망도 못 칩니다.

필립 켈러(Phillip Keller)는 『양과 목자』(*A Shepherd Looks at Psalm 23*)라는 책에서 하룻밤 사이에 두 마리의 들개가 292마리나 되는 양을 마구 물어 죽인 사건을 말합니다.

또한, 양은 앞다리를 땅에 버티고 앉아 있으면 괜찮지만, 벌렁 뒤로 넘어져서 다리가 하늘로 향하든지 네 발이 땅에서 떨어지면 자신의 힘으로는 결코 일어설 수가 없습니다. 누우면 몸체가 워낙 크고 다리가 약하기에 아무리 애를 써도 몸을 세울 수가 없습니다. 그래서 계속 발버둥만 치다가 늑대나 사자의 밥이 되고, 매나 독수리의 먹잇감이 됩니다. 이런 위험이 없다고 할지라도 일단 네 다리를 들고 허우적거리기 시작하면 위에 가스가 차기 시작하여 결국 위가 고무풍선만큼 커져서 모든 혈관이 막히기에 몇 시간 지나지 않아 죽는다고 합니다.

이처럼 양은 자신을 지키고 보호할 수 없는 아주 무능하고 약한 동물입니다. 그러기에 양들은 몹시 소심하고 두려움이 많습니다. 거대한 양 떼가 모여 풀을 뜯고 있다가도 산토끼 한 마리가 덤불 뒤에서 뛰쳐나오면 깜짝 놀라 전부 우르르 도망치는 것이 양입니다.

우리 인생도 이와 같습니다. 인간을 지배하는 감정 가운데 가장 깊고 근원적인 감정은 두려움입니다. 우리의 마음 깊은 곳에는 두려움이 자리 잡고 있습니다. 건강에 대한 두려움, 사고에 대한 두려움, 다른 사람들에게 거절당할 것에 대한 두려움, 장래에 대한 두려움 등, 수많은 두려움 가운데서 살아가는 것이 오늘 우리네 인생입니다.

우리 인간 안에 이런 근원적인 두려움이 자리 잡은 이유는 인간이 죄를 범하고 타락하여 하나님의 품을 떠났기 때문입니다. 인간이 죄를 범하여 하나님의 품을 떠나자마자 제일 먼저 튀어나온 말이 "내가 두려워하여 숨었나이다"(창 3:10)라는 고백이었습니다.

3. 인간은 자신의 가장 절실한 욕구를 해결할 수 없는 존재입니다

양은 자신의 가장 절실한 욕구인 먹고 마시는 것을 스스로 마련하지 못합니다. 하나님이 만드신 모든 짐승 가운데 스스로 살아갈 능력이 가장 모자라는 짐승이 바로 양입니다. 낙타를 비롯한 다른 짐승들은 멀리서도 마실 물을 발견합니다. 매와 독수리 같은 동물들은 높은 하늘에서도 땅에 있는 먹이를 재빠르게 찾아냅니다.

그러나 양은 자신의 힘으로 풍성한 곳을 찾지 못합니다. 푸르고 넉넉한 초원이나 맑은 샘물을 두고 엉뚱한 곳으로 갑니다. 이처럼 양은 자신의 가장 절실한 욕구와 중요한 문제를 자기 스스로 해결하지 못합니다.

오늘날 사람들 가운데도 자신의 가장 절실한 욕구와 문제를 해결하지 못하고 깊은 공허감과 허무함과 외로움에 사로잡혀 사는 사람들이 참 많이 있습니다. 외적으로 볼 때는 성공한 사람이고 출세한 사람이며 부유한 사람이고 행복한 사람입니다. 그렇지만 영적으로 궁핍하고 심령이 메마르고 곤고한 상태에서 고통당하는 사람들이 너무나 많이 있습니다.

랄프 바톤(Ralph Barton)이라는 사람이 있었습니다. 그는 이전에 미국에서 가장 성공한 만화가로 알려졌던 사람입니다. 그런데 마흔 살이 되기 직전에 스스로 목숨을 끊었습니다. 그는 어느 생일날 친구들에게 이런 술회를 했습니다.

나는 남부럽지 않게 돈도 벌어 보았고, 명성도 얻었다. 인기도 가졌다. 그리고 세계 곳곳의 명승지마다 별장이 있고, 또 때를 따라 아내도 바꾸어 보았다(아내를 넷이나 바꿈). 그러나 내 평생에 단 하루도 내 마음의 피로가 풀린 날이 없었고 진정으로 만족한 날이 없었다.

4. 인간은 너무나 쉽게 오염되는 존재입니다

양은 멀리서 보면 하얀 색깔 때문에 깨끗하게 보입니다. 그렇지만 가까이 가서 보면 지저분하고 냄새나며 주위 환경에 너무 쉽게 오염되는 존재입니다. 그러면서도 스스로 자신을 깨끗하게 하지도 못합니다. 고양이는 자기 몸을 정성스럽게 닦고 개들도 마찬가지입니다. 새들은 물통에 들어가서 퍼드덕거리며 몸을 씻습니다. 코끼리와 곰은 강물에 뛰어들어 몸을 닦습니다.

그런데 양은 몸이 더러워져도 그냥 그대로 뒹굽니다. 성경은 우리가 '다 양같이' 더럽다고 말씀하십니다.

> [롬 3:23] **모든 사람이 죄를 범하였으매** 하나님의 영광에 이르지 못하더니

> [롬 3:10] ··· 의인은 없나니 하나도 없으며

이렇게 인간은 너무나 쉽게 죄로 인하여 오염되는 존재입니다. 그런데도 인간은 자기 스스로 깨끗하게 할 수 없습니다. 자기 스스로 변화시킬 수 없

는 양과 같습니다.

　양은 자기 혼자서는 결코 살 수 없는 존재입니다. 목자는 양의 생명의 근원이며, 존재와 생존의 토대입니다. 그러기에 오직 철저하게 목자를 의존할 때만 양은 살 수 있고 건강을 유지할 수 있습니다. 목자가 양들이 가야 할 길을 인도할 때만 양들은 길을 잃지 않고 목적지까지 갈 수 있습니다. 목자가 양들을 지킬 때만 양들은 생명과 안전을 보장받을 수 있습니다. 목자가 양들에게 필요한 모든 양식과 물을 공급할 때만 양들은 풍성한 꼴을 먹고 시원한 물을 마실 수 있습니다.

　인간 역시 목자이신 하나님이 없이는 결코 살 수 없는 존재입니다. 인간은 철저하게 목자이신 하나님께 의존할 때만 살아갈 수 있습니다. 목자이신 하나님께서 우리가 가야 할 길을 인도하실 때만 길을 잃지 않고 목적지까지 잘 갈 수 있습니다.

　목자이신 하나님께서 우리를 지키실 때만 생명과 안전을 보장받을 수 있습니다. 목자이신 하나님께서 우리에게 필요한 하늘의 양식과 신령한 생수를 공급해 주실 때만 풍성한 꼴을 먹을 수 있고 시원한 물을 마실 수 있습니다. 따라서, 양인 우리의 진정한 해답은 오직 목자이신 하나님이십니다. 다윗은 "여호와께서 나의 목자시다"라고 고백합니다.

　　　[시 23:1] **여호와는 나의 목자시니** …

　'여호와, 야웨'라는 단어는 구약에 무려 6,823번 나옵니다. 가장 보편적인 하나님의 이름으로 성경에 나오는 이름이 바로 '여호와, 야웨'입니다.
　'여호와'는 무엇이고, '야웨'는 무엇입니까?

이스라엘 백성들은 하나님의 이름이 너무나 거룩해서 차마 인간의 입에 올릴 수조차도 없다고 생각했습니다. 그래서 '야웨'라는 이름을 부를 일이 있을 때마다 '주님'을 뜻하는 '아도나이'(Adonai, Lord)라는 말을 대신 사용했습니다. 그래서 '야웨'라는 히브리어 자음(YHWH)에, '아도나이'라는 모음(a, o, a)이 합쳐져서 만들어진 단어가 바로 '야호와'(YaHoWaH), 현재의 '여호와'(Jehovah)라는 단어입니다.

이렇게 '여호와'라는 하나님의 호칭은 '야웨'라는 하나님의 이름이 너무나 거룩한 이름이어서 감히 입술로 소리 내지 못하고 부른 대용어(代用語)였습니다. 구약성경을 필사(筆寫)했던 서기관들은 하나님의 이름을 기록해야 할 일이 생기면 먼저 목욕부터 했고, 하나님의 이름을 필사하고 난 후에는 반드시 즉시 펜을 분질러 버렸습니다.

'야웨'라는 하나님의 이름은 다윗에게 너무나 선명하고 생생하게 다가오는 이름이었습니다. 그 당시 하나님을 일반적으로 가리키던 명칭은 '엘 샤다이'(El Shaddai, 전능하신 하나님)라든지, '엘 엘리온'(El Elyon, 지극히 높으신 하나님), '엘 올람'(El Olam, 영원하신 하나님) 등이었습니다.

그런데 다윗은 이런 호칭을 다 제쳐 두고 '야웨'라는 이름을 선택했습니다. 그것은 '야웨'는 하나님의 이름이기 때문입니다. 우리가 다른 사람들을 부를 때 아무개 아빠, 아무개 엄마, 사장님, 의사 선생님, 목사님, 학생 그렇게 부를 수 있습니다. 이런 칭호들은 모두가 상대방을 묘사하는 용어들이지만, 상대방 자체의 이름은 아닙니다.

우리가 하나님을 이름으로 호칭하고 싶으면 '야웨'라고 해야 합니다. 하나님께서는 친히 그분의 이름, 즉 '야웨'를 우리에게 알려 주셨습니다. 그것은 하나님께서 우리와 개인적이고 인격적인 친밀한 관계를 갖고 싶으셨기 때문입니다.

'야웨'라는 하나님의 이름을 처음으로 배워서 알았던 사람은 모세였습니다. 모세는 여든 살의 늙은 목자로 미디안 광야에서 양 떼를 돌보다가 호렙산 가시덤불에서 불이 타는 모습을 보고 하나님을 만나게 되었습니다. 하나님께서는 모세에게 애굽으로 내려가 노예 생활을 하고 있는 이스라엘 백성을 구원해 내라고 말씀하셨습니다. 모세는 핑계를 대면서 사양에 사양을 거듭하다가 더 이상 할 말이 없게 되자 이렇게 하나님께 물었습니다.

> [출 3:13] … 내가 이스라엘 자손에게 가서 이르기를 **너희의 조상의 하나님이 나를 너희에게 보내셨다** 하면 그들이 내게 묻기를 **그의 이름이 무엇이냐** 하리니 내가 무엇이라고 그들에게 말하리이까

그때 하나님께서는 자신의 이름을 이렇게 계시해 주셨습니다.

> [출 3:14-15] … **나는 스스로 있는 자니라** 또 이르시되 너는 이스라엘 자손에게 이같이 이르기를 **스스로 있는 자**가 나를 너희에게 보내셨다 하라 … 너는 이스라엘 자손에게 이같이 이르기를 **너희 조상의 하나님 여호와** 곧 아브라함의 하나님, 이삭의 하나님, 야곱의 하나님께서 나를 너희에게 보내셨다 하라 **이는**(여호와는) **나의 영원한 이름이요 대대로 기억할 나의 칭호니라**

이처럼 하나님께서는 모세에게 처음으로 자신의 이름을 '스스로 있는 자'(I am that[who] I am), 즉 '야웨'로 계시하셨습니다.

[출 6:2-3] 하나님이 모세에게 말씀하여 이르시되 **나는 여호와이니라** 내가 아브라함과 이삭과 야곱에게 **전능의 하나님으로 나타났으나** 나의 이름을 여호와로는 그들에게 알리지 아니하였고

'야웨'는 '스스로 있는 자'라는 뜻으로 하나님은 항상 존재하시는 분이시며, 동시에 모든 만물을 존재하게 하시는 분이라는 의미입니다. '야웨'라는 이름에서 우리는 하나님의 주요한 성품을 볼 수 있습니다.

1) 스스로 존재(自存)하시는 영원한 하나님이십니다

하나님께서는 자신의 이름을 '야웨'로 계시하시면서 '나는 스스로 있는 자'라고 하셨습니다. '스스로 있는 자'라는 히브리어 단어는 '에흐예 아쉐르 에흐예'입니다. 여기 '에흐예'에서 '야웨'라는 단어가 나왔습니다. '에흐예'는 '존재하다'는 뜻으로, 영어로 'be' 동사에 해당됩니다. '나는 존재한다, 나는 … 이다(I am …)'라는 뜻입니다. '아쉐르'는 관계 대명사(that, which, what, who)로 뒤에 나오는 문장을 묶어서 앞뒤로 이어 주는 역할을 합니다.

따라서, '에흐예 아쉐르 에흐예'를 직역하면 '나는 영원히 존재하는 자로 존재한다', 또는 '나는 영원히 존재하는 자이다'입니다. 결국, '나는 누구의 도움도 없이 나 스스로 존재하는 자'라는 뜻입니다. 그리고 '에흐예'는 미완료 시제로 완료되지 않은 동작이나 계속되는 상태를 나타냅니다. 따라서, '에흐예', '야웨'라는 이름은 하나님께서는 시작과 끝이 없으신 영원부터 영원까지 언제나 스스로 존재하시는 분이심을 강조하는 칭호입니다.

'야웨' 하나님은 스스로 존재하실 뿐만 아니라 모든 만물을 존재하도록 하시는 분이십니다. '야웨' 하나님은 창조하시는 하나님이시고, 만물을 만드시는 하나님이시며, 모든 것의 근원이 되시는 하나님이십니다. 모세는 시편 90편 2절에서 이렇게 고백했습니다.

> [시 90:2] 산이 생기기 전 땅과 세계도 주께서 조성(造成)하시기 전 곧 **영원부터 영원까지 주는 하나님이시니이다**

우리 모두에게는 스스로 존재하시는 영원한 목자가 필요합니다. 누구도 '야웨' 하나님을 낳지 않았고 만들지 않았습니다. 그 어떠한 행위로도 그분을 만들어 낼 수 없었고 변화시킬 수 없었습니다. 그러기에 어떠한 행위로도 '야웨' 하나님을 이기거나 압도할 수 없습니다.

'야웨' 하나님께서 지진과 쓰나미를 두려워하시겠습니까?
산사태와 화산 폭발을 무서워하시겠습니까?
폭풍이 몰아친들 무서워 떠시겠습니까?
전쟁을 두려워하시겠습니까?

암이라도 그분을 옭아맬 수 없고, 죽음이라도 그분을 묶어 둘 수 없습니다. '야웨' 하나님은 암이나 죽음이 있기 전부터 존재하셨습니다. 암이나 죽음이 다 사라진 뒤에도 그분은 여전히 존재하실 것입니다.
그러기에 우리의 영원한 목자가 되셔서 죽을 때까지 우리를 인도하시고, 또한 우리의 죽음 이후에도 내세에서 영원히 우리를 인도하실 것입니다.

[시 48:14] 이 하나님은 영원히 우리 하나님이시니 그가 우리를 죽을 때까지(죽음 이후에도 영원히) 인도하시리로다

2) 변함이 없으신 불변(不變)하신 하나님이십니다

하나님이 항상 존재하시는 영원한 분이시기에 그분은 변함이 없으신 분이십니다. 시편 기자는 하나님의 불변하심을 이렇게 고백합니다.

[시 102:27] 주는 한결같으시고 주의 연대는 무궁하리이다

하나님께서도 자신이 한결같이 변함이 없으신 '야웨'이신 것을 직접 말씀하십니다.

[말 3:6] 나 여호와는 변하지 아니하나니 그러므로 야곱의 자손들아 너희가 소멸되지 아니하느니라

세상도 변하고 인생도 변하지만 하나님은 변하지 않으십니다. 우리에게 이런 분이 필요합니다.

삶이란 얼마나 자주 변합니까?

관계도 변하고 건강도 변하고 상황도 변합니다. 그러나 과거에 온 세상을 다스리셨던 '야웨'는 오늘도 온 세상을 다스리시는 '야웨' 바로 그분이십니다. 하나님은 어제나 오늘이나 영원토록 동일하신 분이십니다.

따라서, 인간은 물론 세상의 그 어떤 것도 하나님을 바꿀 수 없습니다. 하나님은 모든 인생과 만물의 영원한 중심이십니다. 언제나 변함없이 견고하게 버티고 서 계시는 만세 반석(萬歲 磐石)이십니다.

그러기에 우리는 하나님과 그분의 약속을 한결같이 신뢰하며 온전히 의뢰할 수 있습니다. '야웨' 하나님은 언약에 있어서 영원히 신실하신 분이시고 약속에 있어서 영원히 성실하신 분이시기 때문입니다. 그래서 하나님께서는 모세에게 나타나셔서 자신의 이름이 '야웨'이심을 계시하실 때 이스라엘의 조상인 아브라함과 이삭과 야곱과 언약하신 '언약의 하나님'이신 것을 강조하셨습니다.

> [출 3:14-15] … 나는 스스로 있는 자니라 또 이르시되 너는 이스라엘 자손에게 이같이 이르기를 스스로 있는 자가 나를 너희에게 보내셨다 하라 … 너는 이스라엘 자손에게 이같이 이르기를 너희 조상의 하나님 여호와 곧 아브라함의 하나님 이삭의 하나님 야곱의 하나님께서 (그들과 언약하신 대로) 나를 너희에게 보내셨다 하라 이는 (여호와는) 나의 영원한 이름이요 대대로 기억할 나의 칭호니라

이처럼 '야웨'라는 이름은 택하신 하나님의 백성과 언약 관계에 있는 하나님을 가리킬 때 자주 사용되는 호칭입니다. 여기서도 하나님께서는 '야웨'라는 호칭을 사용하시면서 '언약'을 함께 말씀하십니다. 즉, 하나님께서는 자신이 '언약의 하나님'이심을 강조하기 위해서 '야웨'라는 호칭을 사용하시는 것입니다. '야웨'라는 호칭은 한 번 약속하시면 절대 잊지 않으시고, 거짓말하지 않으시고 언제나 기억하시면서 약속을 성실하게 지키시는 신실하신 하나님에 대한 호칭입니다.

[시 110:4] 여호와는 맹세하고 변하지 아니하시리라 …

3) 어떠한 제한도 받지 않으시는 무한(無限)한 하나님이십니다

인간은 지배를 받고 제한을 받는 존재입니다. 시간과 공간과 환경과 건강과 기분이 우리의 말과 태도와 행동과 모습과 삶을 결정합니다. 그러나 우리의 목자 되신 '야웨' 하나님은 시간과 공간과 환경과 건강과 기분에 좌우되지 않으십니다. 그분은 그것들을 만드셨고, 또 육체가 아니시기 때문입니다. 육체가 아니시기에 육체의 제한을 받으실 일이 없습니다. 한국에 계시면서 동시에 아프리카 오지에도 계십니다. 시편 139편에서 다윗은 이렇게 고백합니다.

[시 139:7-10] 내가 주의 영(靈)을 떠나 어디로 가며 주의 앞에서 어디로 피하리이까 내가 하늘에 올라갈지라도 거기 계시며 스올(음부)에 내 자리를 펼지라도 거기 계시니이다 내가 새벽 날개를 치며 바다 끝에 가서 거주할지라도 거기서도 주의 손이 나를 인도하시며 주의 오른손이 나를 붙드시리이다

이처럼 '야웨' 하나님은 어떠한 제한도 받지 않으시는 하나님이십니다. 그러기에 '야웨' 하나님은 우리 인생에 있어서 언제 어디서나 꼭 필요한 분이십니다. 그분은 우리가 인생의 바다를 항해하면서 폭풍을 만나 두려워 떨 때 우리를 찾아오셔서 폭풍을 잔잔하게 하시는 '인생의 선장'이십니다.

그분은 인생을 살아가는 우리에게 삶의 진정한 목적과 의미가 무엇인지를 가르쳐 주시고, 또 그렇게 살 수 있도록 도우시는 '인생의 스승'이십니

다. 그분은 우리가 이 세상을 떠나갈 때 우리 곁에 다가오셔서 품에 안으시고 죽음의 두려움을 이기게 하시고 천국으로 우리를 인도하시는 '영원한 선한 목자'이십니다.

사랑하는 성도 여러분!

이렇게 스스로 존재(自存)하시는 영원하신 하나님, 변함이 없으신 불변(不變)하신 하나님, 어떠한 제한도 받지 않으시는 무한(無限)하신 하나님이 나의 선한 목자이십니다. 나의 선한 목자이신 하나님은 측량할 수 없는 광대한 지혜와 범접(犯接)할 수 없는 위엄과 무한한 능력을 갖추신 '야웨'이십니다.

불빛이 하나도 비춰지 않는 캄캄한 시골에서 밤하늘의 무수한 별들을 바라보십시오. 우리가 지금 사는 지구가 속한 은하계만 해도 1,000억 개의 별들이 있습니다. 온 우주에 그런 은하계가 1,000억 개나 존재합니다.

숫자로도 셀 수 없는 그 무수한 별을 누가 다 만드셨습니까?

오직 말씀 한마디로 하나님이 만드셨습니다. 그런데 그 하나님께서 지극한 온유함과 겸손함으로 우리에게 다가오셔서 무한하신 사랑과 자비와 긍휼의 손으로 우리를 부드럽게 어루만져 주십니다. 그 하나님이 바로 나를 기르시고 돌보시고 인도하시는 나의 선한 목자, '야웨'이십니다.

그래서 다윗은 "야웨는 나의 목자시다"라고 고백합니다. 시편 기자 역시 이렇게 고백합니다.

> [시 95:7] 그는 우리의 하나님이시요 **우리는 그가 기르시는 백성이며 그의 손이 돌보시는 양이기 때문이라**

다윗과 시편 기자의 고백이 바로 우리의 가슴 벅찬 고백이 되도록 합시다.

야웨는 나의 선한 목자이십니다. 나는 야웨가 친히 기르시고 돌보시는 그분의 양입니다.

제2장
부족함이 없는 삶(시 23:1)

[시 23:1] 여호와는 나의 목자시니 내게 부족함이 없으리로다

어느 선교사 한 분이 인도에서 복음을 전하고 있을 때였습니다. 하루는 외딴 마을에 가서 복음을 전하고 돌아오고 있었습니다. 깊은 정글을 헤치면서 홀로 길을 재촉하고 있었는데 그 정글 속에는 비단뱀들이 많이 서식하고 있었습니다. 비단뱀들은 때때로 지나가는 사람들을 공격하여 통째로 꿀꺽 삼켜버리는 무서운 뱀입니다.

비단뱀은 사람의 몸을 먼저 휘어 감습니다. 그리고는, 힘을 주어 몸을 조입니다. 사람이 발버둥 칠 때마다 더욱 세차게 몸을 조여 들어갑니다. 그래서 질식하게 되면 머리부터 시작해서 통째로 입속으로 집어넣어 버립니다.

그런데 불행하게도 그 선교사님이 그날 밤 무서운 비단뱀의 공격을 받게 되었습니다. 비단뱀은 사정없이 선교사님을 휘어 감았습니다. 그리고는 꼼짝 못 하도록 몸을 조여들기 시작했습니다. 보통 사람 같으면 두려움과 원망 속에서 여러 가지 생각이 떠오르며 절망 속에 몸부림쳤을 것입니다. 그러나 이 선교사님은 다른 사람과는 좀 달랐습니다.

그는 그런 극한 상황 속에서도 평소에 자신이 즐겨 암송하던 시편 23편을 조용히 묵상하기 시작했습니다. 비단뱀에서 벗어나기 위해 애쓰지도 않고 발버둥 치지도 않고 그저 조용히 두 눈을 감고서 자신과 함께하시는 선한 목자이신 하나님을 묵상했습니다.

그렇게 시편 23편을 암송하는 가운데 그의 마음속에는 선한 목자이신 하나님께서 주시는 평안함이 밀려오기 시작했습니다. 그와 함께 초주검이 되었던 그의 얼굴이 환하게 밝아지기 시작했습니다. 그와 동시에 놀라운 일이 벌어졌습니다. 비단뱀이 그 선교사의 몸을 풀고서는 숲속으로 사라지고만 것입니다. 선교사님은 무사히 집으로 돌아올 수 있었습니다.

만일, 그때 그 선교사님이 살기 위해 발버둥 쳤더라면 그 비단뱀도 더욱 필사적으로 선교사님의 몸을 조였을 것입니다. 그런데 선교사님이 그렇게 하지 않고 조용히 있으니까 비단뱀이 겁을 집어먹었던 것입니다. 선한 목자이신 하나님을 깊이 묵상할 때 그 선교사님의 마음속에는 하나님이 주시는 참된 평안함이 넘쳤습니다. 그리고 그 평안함으로 인하여 비단뱀의 공격을 물리쳤던 것입니다.

이것이 날마다 여호와 하나님, 야웨 하나님을 자신의 목자로 삼고 사는 사람들에게 나타나는 놀라운 하나님의 은혜입니다. 다윗은 "여호와는 나의 목자"이기에 "내가 부족함이 없으리로다"라고 고백합니다. 이 고백은 선한 목자의 돌보심에 온전히 만족하여 더 이상 바랄 것이 없다고 고백하는 믿음의 고백입니다. 그런데 다윗의 이 고백은 목자이신 하나님의 선하신 인도하심을 일평생 동안 생생하게 체험했던 다윗의 산 경험으로부터 나오는 살아 있는 신앙고백입니다.

그런데 참으로 아이러니하게도 다윗은 이런 고백을 할 수 있을 만큼 평온하고 평탄한 인생을 산 사람이 결코 아닙니다. 우리가 잘 아는 것처럼 다윗은 어린 시절부터 노년에 이르기까지 외롭고 곤고하고 고통스러운 처지에서 많이 살았습니다. 그의 인생은 인간적으로 볼 때는 부족함이 가득했던 불행한 인생이었습니다.

다윗은 어린 시절부터 부모와 형제들의 따뜻한 사랑과 관심과 귀염을 받지 못했습니다. 오히려 거절과 상처를 많이 받으며 자랐습니다. 다윗은 이새의 여덟 아들 중 막둥이였습니다. 따라서, 부모의 사랑과 형들의 귀염을 많이 받고 자라는 게 정상입니다. 그렇지만 실제로는 그렇지 못했습니다.

다윗은 어릴 때부터 부모의 따뜻한 사랑과 관심을 받지 못하고 베들레헴 들판에 홀로 떨어져서 양을 치며 외롭게 살았습니다. 그 들판은 실제로 사자나 곰이 나타나서 양 떼를 공격하는 참으로 위험천만한 곳이었습니다(삼상 17:34-35). 다윗은 아버지 이새에 잊힌 존재였고, 어린 나이에 가정의 온갖 허드렛일을 홀로 감당하는 종이나 다를 바 없는 천한 아들이었습니다.

아버지 이새는 가장 위험하고 힘든 양치기의 일을 여덟 아들 중에서 가장 어린 막둥이 다윗에게 맡겼습니다. 사무엘 선지자가 다윗을 왕으로 기름 붓기 위해 베들레헴으로 와서 이새에게 아들들을 다 부르라고 했을 때, 이새는 다윗을 제외하고 다른 일곱 아들만 불렀습니다.

또한, 블레셋이 이스라엘을 침략하여 큰아들과 둘째, 셋째가 전쟁에 나갔을 때 이새는 그들의 안부를 알기 위해 그 위험한 전쟁터에 막내아들 다윗을 보냈습니다. 다윗 위로 형들이 네 명이나 있었음에도 어린 다윗을 보낸 것입니다. 이런 사실들을 보면 아버지 이새가 다윗을 어떻게 취급했는 가를 능히 짐작할 수 있습니다.

또한, 다윗은 어머니의 따뜻한 사랑과 관심도 받지 못한 것 같습니다. 역대상 2장 13-17절을 보면 다윗에게는 스루야와 아비가일, 두 누이가 있었습니다. 그런데 사무엘하 17장 25절에는 아비가일(아비갈)의 아버지가 이새가 아니라 나하스로 기록되어 있습니다. 따라서, 다윗의 누이인 스루야와 아비가일(아비갈)의 친아버지는 이새가 아니라 나하스였습니다.

스루야와 아비가일의 모친은 전(前) 남편, 나하스와의 사이에서 두 딸, 스루야와 아비가일을 낳은 후 남편이 죽자 이새와 재혼하여 다윗의 형제들을 낳았습니다. 이처럼 다윗의 아버지는 이새였지만, 누이 스루야와 아비가일의 아버지는 나하스였습니다. 이렇게 아버지가 다른, 복잡한 열 명이나 되는 자녀들 속에서 다윗은 막내였기에 어머니의 따뜻한 사랑과 관심을 받고 자라는 게 쉽지 않았을 것입니다.

게다가 형들까지 막내 다윗을 무시하고 업신여기면서 함부로 대했습니다. 다윗이 아버지의 명령을 따라 블레셋과의 전쟁에 나간 형들을 면회 갔을 때 큰 형 엘리압은 다윗에게 분노하며 이렇게 야단쳤습니다.

> [삼상 17:28] 큰형 엘리압이 … 다윗에게 **노를 발하여 이르되** 네가 어찌하여 이리로 내려왔느냐 들에 있는 양들을 누구에게 맡겼느냐 나는 네 교만과 네 마음의 완악함을 아노니 네가 전쟁을 구경하러 왔도다

이처럼 다윗은 결혼하기 전까지 부모를 비롯한 형들의 무시와 천대를 받으며 불행하게 살았습니다. 그리고 결혼 후에도 힘든 삶을 살았습니다. 그

는 사랑하여 결혼했던 본처 미갈에게 존경받지 못하고 무시당하며 살았습니다. 다윗이 법궤를 예루살렘으로 옮길 때 그는 왕임에도 불구하고 기쁨에 넘쳐 하나님 앞에서 덩실덩실 춤을 추었습니다. 그런데 그 모습을 창문으로 내다보고 있었던 미갈은 심중에 다윗을 업신여기며 이렇게 비꼬아 말했습니다.

[삼하 6:20] … 사울의 딸 미갈이 나와서 다윗을 맞으며 이르되 **이스라엘 왕이 오늘 어떻게 영화로우신지 방탕한 자가 염치 없이 자기의 몸을 드러내는 것처럼 오늘 그의 신복의 계집종의 눈앞에서 몸을 드러내셨도다**

이렇게 다윗의 인생은 참 불행했습니다. 그는 결혼하기 전까지 불행한 삶을 살았고 결혼 후에도 힘든 삶을 살았습니다. 아내 미갈과의 관계가 좋지 못했고, 장인인 사울 왕으로부터 10년이 넘는 오랜 기간 동안 끊임없이 생명의 위협을 당했습니다. 게다가 다윗의 배다른 아들들은 서로 죽이고 죽는 피비린내 나는 암투를 벌였습니다. 심지어 압살롬은 아버지의 왕위를 빼앗기 위해 쿠데타를 일으켜 아버지를 죽이려고 했습니다.

이처럼 다윗은 일생을 살면서 극심한 고난과 시련을 연이어서 겪었고, 마음의 큰 고뇌와 고통을 당했습니다. 더군다나 그런 극심한 아픔과 고통과 시련이 가장 가까운 관계인 부모, 형제, 아내, 자녀들, 장인으로부터 왔기에 더욱 견디기 힘들었을 것입니다. 그런데도 다윗은 지나온 자신의 인생을 돌이켜 보며 '내게 부족함이 없다'라고 감격에 넘쳐 고백합니다.

[시 23:1] 여호와는 나의 목자시니 **내게 부족함이 없으리로다**

여기서 "내게 부족함이 없으리로다"라는 단어는 히브리어로 '로 에흐싸르'입니다. '에흐싸르'(내게 부족함이)는 '모자라다, 결핍되다, 부족하다'라는 의미입니다. 그리고 '로'(없으리로다)라는 단어는 히브리어에서 가장 강한 의미를 지닌 부정어(否定語)입니다. 그 뜻은 '절대 아니다, 전혀 없다'라는 의미입니다. 따라서, "부족함이 없으리로다"라는 말은 '매우 넉넉하고 풍족하여 부족함과는 아무런 상관이 없다'라는 뜻입니다.

그리고 '부족함이 없으리로다'(로 에흐싸르)의 시제가 미완료형입니다. 히브리어에서 미완료 시제는 '반복'과 '계속'을 나타냅니다. 따라서, 부정어 '로'와 미완료형 시제가 함께 사용되면 '영속적인 금지, 절대적인 금지'를 나타냅니다. 따라서, "여호와는 나의 목자시니 내게 부족함이 없으리로다"라는 다윗의 고백은 "여호와가 나의 목자시기에 나는 영원토록 가득하고 넉넉하여 부족함이 없다"라는 고백입니다.

그렇다면 다윗이 자신의 일생을 돌이켜 보면서 이렇게 감격하며 고백하는 이유가 무엇입니까?

1. 늘 선한 목자이신 하나님 안에 거하며 살았기 때문입니다

양들이 언제 가장 부족함이 없음을 느낍니까?
목자의 품 안에 안겨 있을 때입니다. 이처럼 양과 목자의 관계는 친밀하고 깊이 신뢰하며 사랑하는 관계입니다.
왜 다윗이 부족함이 없다고 고백합니까?

그가 선한 목자이신 여호와 하나님의 품 안에 있기 때문입니다. 선한 목자이신 하나님과 인격적인 친밀한 사랑의 관계 속에 있기 때문입니다.

[시 23:1] 여호와는 나의 목자시니 내게 부족함이 없으리로다

우리의 진정한 만족이 어디에 있습니까?

어떤 사람들은 물질에서 삶의 만족을 얻으려고 물질을 열심히 추구합니다. 그러나 물질은 바닷물과 같기에 결코 우리에게 참된 만족을 줄 수 없습니다. 유대인의 지혜서인 탈무드는 재물에 대해 이렇게 말합니다.

재물이란 무엇인가?
돈은 마치 바닷물과 같다. 마시면 마실수록 더욱 나를 목마르게 하는 것, 그것이 재물이다.

바닷물을 마시면 마실수록 갈증이 더해 가는 것처럼, 물질로써는 결코 참된 만족을 누릴 수 없습니다. 마실수록 우리 영혼의 목마름은 가중되고, 우리는 더 깊은 영혼의 갈증을 느낍니다.

옛날 중국의 송나라에 순제(順帝, 467-479)라는 임금이 있었습니다. 그는 많은 영토를 점령하고 절대 권력을 누렸던 사람입니다. 그러나 그가 남긴 유언은 뜻밖에도 다음과 같았습니다.

내 자손들 가운데는 권좌에 오르는 이가 없기를 바라노라!

권세가 얼마나 허망한 것이었으면 그러한 유언을 남겼겠습니까?

솔로몬 왕은 인간이 누릴 수 있는 최고의 부귀와 영화와 권세와 쾌락과 장수를 누렸지만, 인생의 마지막, 깊은 허무함을 느끼며 이런 고백을 할 수 밖에 없었습니다.

[전 1:2] … 헛되고 헛되며 헛되고 헛되니 모든 것이 헛되도다

우리 인간은 이 세상에 있는 것들만 가지고서는 결코 만족을 누리며 살 수 없습니다. 왜냐하면, 우리 안에는 하나님께서 그분의 형상으로 창조하신 영혼이 있기 때문입니다. 하나님께서 그분의 생기를 불어넣으셔서 만드신 우리의 영혼은 이 세상 것으로는 결코 만족을 누릴 수 없습니다. 오직 영혼을 지으신 하나님 품 안에 있을 때만, 그 하나님과 인격적인 친밀한 사랑의 관계 속에 있을 때만 진정한 만족을 누릴 수 있습니다.

이것이 바로 성 어거스틴(St. Augustinus, 354-430)의 고백이었습니다. 어거스틴은 주님을 인격적으로 만나 그분 안에서 참된 안식과 만족을 누리기까지 끊임없이 참된 만족을 찾아다니며 살았습니다. 그는 마니교 이단에도 빠졌고, 성적인 죄악에 깊이 빠져서 사생아를 낳기까지 했습니다. 그러나 어거스틴은 결코 참된 만족과 안식을 누릴 수 없었습니다.

그러다가 결국 그는 주님을 인격적으로 만나게 되었고, 그분 안에 거하게 되었습니다. 그때 그는 세상의 그 어떤 것으로도 누릴 수 없었던 참된 만족과 안식을 누리게 되었습니다. 어거스틴의 『고백록』(*Confessions*, 397-400) 첫 부분을 보면 이런 그의 고백이 기록되어 있습니다.

오, 주님! 주님께서는 우리를 당신을 위한 존재로 창조하셨습니다. 그러므로 우리의 마음은 당신 안에서 안식을 발견하기까지 쉼을 누릴 수 없습니다.

우리 인간이 만족하지 못하고 무언가를 계속 목마르게 찾고, 끊임없이 갈망하며 추구하는 이유가 무엇입니까?

우리 영혼 속에 참된 것을 소유하지 못했기 때문입니다. 그래서 인간은 영혼이 공허하기에 끊임없이 집요하게 대용품들과 모조품들을 추구합니다. 돈을 추구하고, 명예를 추구하고, 권력을 추구하고, 학식을 추구하고, 세상 기쁨과 쾌락을 추구하고, 사람들의 인정과 칭찬을 추구하고, 자존심을 추구합니다.

그러나 우리 영혼 깊은 곳에 진정으로 원하는 것은 돈이 아닙니다. 명예도 아닙니다. 권력도 아닙니다. 세상 기쁨과 쾌락도 아닙니다. 사람들의 인정과 칭찬도 아닙니다. 자존심을 세우는 것도 아닙니다. 우리가 그것들을 추구하면 추구할수록 더욱 목이 타고 더 갈증이 납니다. 더욱 마음이 공허해집니다. 더욱 외롭고 괴롭고 고통스럽습니다.

우리가 그렇게 하는 것은 생수의 근원이신 하나님을 버리는 것입니다. 그리고 하나님 대용품으로, 물을 저축하지 못하는 터진 웅덩이를 우리 스스로 파는 것입니다.

[렘 2:13] 내 백성이 두 가지 악을 행하였나니 곧 **그들이 생수의 근원되는 나를 버린 것과 스스로 웅덩이를 판 것인데 그것은 그 물을 가두지 못할 터진 웅덩이들이니라**

우리 영혼이 그렇게도 애타게, 목마르게 찾고 있는 것은 우리 영혼을 창조하신 생수의 근원이신 여호와 하나님이십니다. 우리 영혼의 참된 만족이신 선한 목자이신 야웨 하나님이십니다. 그 하나님과 인격적인 사랑의 관계 속에서 그분과 친밀한 교제를 나누는 것입니다.

길에서 엄마를 잃어버리고 슬피 울고 있는 아이가 참으로 원하는 것이 무엇이겠습니까?
장난감입니까?
아주 맛있는 음식과 과자입니까?
놀이동산에 가서 신나게 노는 것입니까?
그 모든 것으로 아이가 울음을 그치겠습니까?
만족하겠습니까?

절대 그렇지 않습니다. 엄마를 찾기까지는, 엄마 품에 안기기까지는 이 아이에게는 참된 만족이 없습니다.
그러나 엄마를 찾아서 엄마의 품에 안긴 이 아이에게 무엇을 원하느냐고 묻는다면 무엇이라고 대답하겠습니까?
이 아이는 엄마 품에 안긴 것으로 만족하기에 더 이상 아무것도 원하지 않을 것입니다.

[시 23:1] 여호와는 나의 목자시니 내가 부족함이 없으리로다

다윗의 이 고백이 바로 엄마를 잃고 슬피 울다가 결국 엄마를 찾아서 그 엄마 품에 안긴 아이의 고백입니다. 목자를 떠나 길을 잃고 방황하다가 결국 목자를 찾아서 여호와 하나님의 품에 안긴 양의 고백입니다.

따라서, 인간은 목자이신 하나님의 품을 떠나서는, 목자이신 하나님과 인격적인 사랑의 관계 속에서 서로를 알게 되는 개인적인 친밀한 교제가 없이는 결코 만족한 삶을 살 수 없습니다.

[요 10:10, 14-15] 내가 온 것은 **양으로 생명을 얻게 하고 더 풍성히 얻게 하려는 것이라** … **나는 선한 목자라 나는 내 양을 알고 양도 나를 아는 것이** 아버지께서 나를 아시고 내가 아버지를 아는 것 같으니 …

그러기에 다윗의 유일한 힘의 원천은 그가 목숨보다 더 사랑했던 목자이신 야웨 하나님이었습니다.

[시 18:1] 나의 (유일한) **힘이신 여호와여** (야웨여) 내가 주를 사랑하나이다

따라서, 다윗의 유일한 소원 역시 목자이신 야웨 하나님 그분 자신이었습니다.

[시 27:4] 내가 여호와께 바라는 한 가지 일 그것을 구하리니 (NIV: One thing I ask from the Lord, this only do I seek), 곧 내가 **내 평생에** (all the days of my life) 여호와의 집에 살면서 여호와의 아름다움을 바라보며 **그의 성전에서 사모하는 그것이라** (to seek him in his temple)

다윗의 이 고백은 바로 선한 목자이신 야웨 하나님 품에 안긴 양의 고백입니다. 그러므로 양인 우리는 그 어떤 것보다도 목자이신 하나님을 구해야 합니다. 양인 우리에게는 많은 필요가 있기에 여러 가지 욕구를 추구하며 삽니다. 그 욕구는 먹는 것, 마시는 것, 입는 것, 거주하는 것, 안전하게 보호받는 것, 건강하게 사는 것, 휴식하고 안식하는 것, 사랑받고 인정받는 것, 자아를 실현하는 것 등입니다.

아브라함 매슬로우(Abraham Maslow)라는 심리학자가 주장한 '욕구 5단계'가 있습니다. 매슬로우는 이것을 피라미드 형태로 표현했는데, 가장 아래 단계에서 시작하여 점점 위로 올라가면서 인간의 복잡하고 세밀한 욕구가 충족됩니다. '욕구 5단계'는 가장 아래 단계로부터 시작됩니다.

첫 번째 단계인 생리적 욕구는 식사, 숙면 등 기본적인 생존을 위한 욕구입니다.

두 번째 단계인 안전 욕구는 안전하고 안정된 환경에서 생활하고 싶은 욕구입니다.

세 번째 단계인 사랑과 소속감의 욕구는 친구나 가족과 같은 다른 사람들과 관계를 맺고 싶은 욕구입니다.

네 번째 단계인 존중 받고 싶은 욕구는 다른 사람들로부터 존중과 인정을 받고 싶은 욕구입니 다.

다섯 번째 단계인 자아실현 욕구는 자신의 잠재력을 최대한 발휘하고 싶은 욕구입니다.

그런데 인간은 이런 다섯 가지 욕구가 다 충족된다고 해도 만족을 누리며 살 수 없습니다. 왜냐하면, 우리 인간에게는 하나님이 창조하신 영혼이 있고, 그리고 영혼 깊은 곳에는 '영원을 사모하는 마음'이 있기 때문입니다.

[전 3:11] 하나님이 모든 것을 지으시되 때를 따라 아름답게 하셨고 또 **사람들에게는 영원을 사모하는 마음을 주셨느니라**

그러기에 인간이 온전한 만족을 누리며 살기 위해서는 매슬로우가 말하는 다섯 가지 욕구 충족만으로는 불가능합니다. 우리 영혼 깊은 곳까지 만족을 누리는 '근본적인 욕구'까지 충족되어야 합니다. 기독교 상담가 래리 크렙(Larry Crabb)은 『영적 가면을 벗어라』(*Inside Out*)에서 '근본적 욕구'(crucial longings)에 대해서 이렇게 설명합니다.

> 사람의 마음속에 있는 가장 기초적이고도 중요한 욕구, 곧 인생을 가치 있게 살기 위해 꼭 충족되어야 하는 것에 대한 욕구를 '근본적인 욕구'라 부른다. 우리는 하나님이 맡기신 중요한 사명을 감당하기 위해 한결같이 능력이시고 사랑이신 주님과 친밀하게 교제하며 살도록 지음 받은 존재다.
>
> 주님과 관계를 맺지 않고 사는 인생은 공허할 뿐이다. 우리가 경험해야 할 이것 외에 그 공허한 부분을 채울 수 있는 것은 아무것도 없다. 친구들이나 좋은 직장, 혹은 즐겁고 흥분되는 일조차 그 공허를 메울 수 없다. 오직 하나님만이 주실 수 있는 관계 외에 우리의 근본적인 욕구를 채울 수 있는 것은 없다.

래리 크렙은 '근본적인 욕구'에 대해 계속 다음과 같이 설명합니다.

> 우리는 그 어떤 사람도 줄 수 없는 수준의 영향력과 관계를 원한다. 우리는 아무런 조건 없이 완전한 사랑을 받고, 하나님께로부터 영원히 영향을 받도록 지음 받았다. 오직 하나님만이 우리 영혼의 가장 깊은 욕구를 충족시키실 수 있다. 근본적인 욕구가 충족되지 않으면, 해결하기 힘든 고통이 따른다. … 근본적인 욕구가 충족되지 못한 삶의 결과는 지옥의 시작이라 할 수 있다.

그래서 인간에게는 선한 목자이신 하나님과의 인격적인 사랑의 관계와 친밀한 교제가 반드시 필요한 것입니다.

따라서, 양인 우리가 추구해야 할 가장 중요한 욕구는 아브라함 매슬로우가 주장한 다섯 가지 욕구가 아닙니다. 선한 목자이신 하나님을 사랑하고, 구하고, 찾고, 따르고, 그분과 함께하며 교제하려는 욕구입니다. 이것만 있으면 우리의 모든 욕구는 근본적으로 해결될 수 있습니다. 우리가 선한 목자이신 하나님과 인격적인 사랑의 관계와 친밀한 교제를 나눌 때 하나님께서는 반드시 우리를 인도하시고 보호하시고 돌봐 주시기 때문입니다.

그래서 다윗은 시편 34편 10절에서 이렇게 고백합니다.

> [시 34:10] 젊은 사자는 궁핍하여 주릴지라도 (목자이신) 여호와를 찾는 자는 모든 좋은 것에 부족함이 없으리로다

울창한 수풀이나 바위틈에 웅크리며 먹이를 향해 달려드는 혈기 왕성한 젊은 사자가 궁핍해지는 것은 상상조차 할 수 없습니다. 그러나 혹시 젊은

사자가 굶주리는 일이 있을지라도 목자이신 야웨 하나님을 찾는 자는 모든 좋은 것에 부족함이 없으신 그 하나님으로 말미암아, 그리고 그 하나님의 공급하심과 충만케 하심과 보호하심으로 말미암아 만족한 삶을 영원토록 누리게 됩니다.

2. 선한 목자이신 하나님 안에서 훨씬 더 크고 값진 축복을 소유했기 때문입니다

다윗은 태어나 자랐던 원(原)가정에서 행복한 삶을 살지 못했습니다. 결혼 생활도 불행했고, 자녀들 때문에도 가슴이 찢어지는 극심한 고통과 괴로움을 많이 당했습니다. 이렇게 다윗은 세상에서는 갖지 못한 것이 많이 있었습니다. 그렇지만 선한 목자이신 하나님 안에서 세상 것들과 비교할 수 없는 훨씬 더 크고 값지고 영원한 것들을 소유했습니다.

다윗은 하나님의 은혜로 구원을 얻었고 가장 귀한 영생을 얻었습니다. 하나님께서 친히 '내 마음에 맞는 자'라고 칭찬하시면서 그를 통하여 하나님의 뜻을 다 이루리라고 하셨습니다. 그리고 하나님의 약속대로 그의 후손에서 메시아 예수 그리스도가 구주로 나셨습니다. 또한, 다윗은 그가 살았던 당대에 하나님의 뜻을 다 이루면서 온전히 하나님을 섬겼습니다.

[행 13:22, 36] (하나님이) … 다윗을 왕으로 세우시고 증언하여 이르시되 내가 이새의 아들 다윗을 만나니 **내 마음에 맞는 사람이라 내 뜻을 다 이루리라** 하시더니 하나님이 약속하신 대로 이 사람의 후손에서 이스라엘을 위하여 **구주를 세우셨으니 곧 예수라** … 다윗은 당시에 하나님의 뜻을 따라 섬기다가 잠들어 …

우리가 이 땅에 태어나 얻을 수 있는 최고의 축복은 구원 얻는 축복이고, 구원 얻은 우리가 얻을 수 있는 최고의 축복은 하나님께 쓰임 받는 축복입니다. 그런데 다윗은 그 두 가지 축복을 다 얻었습니다. 그러기에 다윗은 세상에서 갖지 못한 축복보다 목자이신 하나님 안에서 가진 축복이 훨씬 더 크고 더욱 값지고 영원한 축복이었습니다. 그러기에 다윗은 감격에 겨워 고백합니다.

[시 23:1] 여호와는 나의 목자시니 내게 부족함이 없으리로다

신부산교회 조정희 목사님이 「기독신문」에 게재한 〈침을 삼킬 수만 있다면 행복할 텐데〉라는 칼럼이 있습니다. 그 칼럼에 이런 내용이 있습니다.

우리 교회 성도 중에 참으로 힘든 상황에 처해 있지만, 하나님께 감사하며 살아가는 분이 계신다. 결혼 초기에 큰 병을 앓은 이후 지금까지 32년 동안 '위루'(胃瘻: 위에 영양을 공급하기 위해 외부로부터 넣는 관)로 음식물을 섭취하기에 물을 마시는 시원 함조차도 느끼지 못하고, 수차례 죽음의 고비를 넘기기도 했다. 휠체어에 앉아 생활하시고, 가족들만 겨우 알아들을 수 있는 발음으로 의사소통을 한다. 그러나 늘 예배드리기를 사모하고, 매일 기도하며 한 손가락으로 컴퓨터 키보드를 눌러 이메일로 복음을 전하는 일을 쉬지 않아 아내와 자녀들 그리고 성도들이 존경하고 사랑한다.

이렇게 자신이 처한 환경이 심히 곤고한데 어떻게 이런 삶을 살 수 있습니까?

여호와께서 자신의 선한 목자이시기에 부족함이 없기 때문입니다. 자신이 세상에서 갖지 못한 것보다 하나님 안에서 가진 것이 훨씬 더 크고 더 값진 것이기 때문입니다.

사업 실패로 파산 상태에 빠진 사람이 목사님에게 찾아가서 상담을 청했습니다.

"저는 모든 걸 잃어버렸습니다."

"믿음을 잃어버리셨다니, 정말 안 됐군요."

"그런 얘기가 아닙니다. 신앙은 그대롭니다."

그가 바로잡았습니다.

"그런가요?

그럼 좋은 성품을 잃어버리셨군요. 유감입니다."

"그렇게 말한 적 없습니다. 제 사람됨은 여전합니다."

그는 정정했습니다.

"저런 구원을 잃어버리셨다니 정말 딱하군요."

"아녜요, 그게 아녜요. 구원을 잃어버린 적이 없습니다."

그가 펄쩍 뛰었습니다.

"그럼 믿음도 있고, 성품도 여전하고, 구원도 변함이 없단 말씀이죠?

셋 중에 아무것도 잃어버린 게 없다면 진짜 심각한 문제는 아니군요."

믿음과 좋은 성품과 구원, 이 셋 중에 아무것도 잃어버리지 않았다면 우리도 여느 청교도처럼 기도할 수 있습니다. 우리 교회 3층 식당에도 이 청교도의 그림이 있습니다. 그는 빵 한 조각과 물 한 잔뿐인 식탁에 앉았습니다. 그리고 머리를 숙이고 부르짖었습니다.

"예수님만으로도 넉넉한데 이렇게 먹을 것까지 주시다니요?"

선교 여행을 다니던 어느 단기 선교사가 남태평양의 트리니다드 토바고에 있는 한 섬인 토바고섬에 들어갔습니다. 그는 선교 여행을 끝내기 바로 전날, 한센병(나병) 환자들이 모여 사는 마을에 들어가서 예배를 인도하고 있었습니다. 선교사는 그곳에 모여 있는 사람들에게 함께 부르고 싶은 찬송이 있으면 누구든지 말해 달라고 했습니다. 그 말이 끝나기가 무섭게 한 여인이 고개를 들었습니다.

그런데 선교사는 여인의 얼굴을 본 순간 더 이상 쳐다볼 수가 없었습니다. 여인의 얼굴은 선교사가 태어나서 지금까지 한 번도 본 적이 없었던 너무나 끔찍한 얼굴이었습니다. 여인의 얼굴은 귀도 없고, 코도 없는 얼굴이었습니다. 그리고 입술은 다 말려 들어가 있었습니다. 여인은 손가락이 하나도 남지 않은 손을 번쩍 쳐들고 말했습니다.

"〈받은 복을 세어 보아라〉를 함께 부르고 싶습니다."

선교사는 여인을 비롯하여 참석한 모든 한센병(나병) 환자와 함께 그 찬송을 부르기 시작했습니다.

《찬송가 429장》

1. 세상 모든 풍파 너를 흔들어 약한 마음 낙심하게 될 때에
내려 주신 주의 복을 세어라 주의 크신 복을 네가 알리라
받은 복을 세어 보아라 크신 복을 네가 알리라
받은 복을 세어 보아라 주의 크신 복을 네가 알리라

2. 세상 근심 걱정 너를 누르고 십자가를 등에 지고 나갈 때
주가 네게 주신 복을 세어라 두려움 없이 항상 찬송하리라
받은 복을 세어 보아라 크신 복을 네가 알리라
받은 복을 세어 보아라 주의 크신 복을 네가 알리라

선교사는 목이 메어 끝까지 찬송을 부를 수가 없었습니다.

여인은 자기의 모습이나 자기가 처한 환경이 그렇게 비참함에도 어떻게 그 찬송을 감격 속에 부를 수 있었을까요?

그것은 여호와께서 자신의 선한 목자이시기에 부족함이 없었기 때문입니다. 그녀가 세상에서 갖지 못한 것보다 하나님 안에서 가진 것이 훨씬 더 크고 값지고 영원한 것이었기 때문입니다.

사랑하는 성도 여러분!

야웨 하나님께서 나의 목자가 되시고, 내가 늘 그분 안에 거하면, 그분과 친밀한 사랑의 관계 속에 있으면, 내 영혼은 부족함이 없게 됩니다. 비록 이 세상에서는 행복의 조건을 갖추지 못했다고 할지라도 나의 목자가 되시는 야웨 하나님 안에서 내가 가진 것은 훨씬 더 크고 더욱 값지고 영원한 것이기에 내 영혼은 풍성함을 얻고 깊은 만족을 누리게 됩니다.

그리고 나의 목자이신 하나님의 선하신 인도하심을 날마다 받게 됩니다. 그러기에 항상 여러분의 선한 목자이신 하나님을 사랑하십시오. 늘 그 하나님을 바라고 앙망하십시오. 그분을 찾고 따르고 그분과 함께 거하십시오. 그때 야웨 하나님께서 여러분의 목자가 되셔서 여러분의 삶을 전적으로 책임져 주실 것입니다. 그리고 죽을 때까지 여러분을 선하게 인도해 주실 것입니다.

[시 48:14] 이 하나님은(선한 목자이신 야웨 하나님은) 영원히 우리 하나님이시니 그가 우리를 죽을 때까지 인도하시리로다

제3장
참된 안식의 삶(시 23:2)

[시 23:2] 그가 나를 푸른 풀밭에 누이시며 쉴만한 물 가로 인도하시는도다

우리는 날마다 삶 속에서 많은 '스트레스'를 받고 삽니다. 그래서 전문가들은 우리를 고통스럽게 만드는 질병의 90퍼센트는 스트레스와 직간접으로 관련되어 있다고 합니다. 우리가 삶 속에서 스트레스를 과도하게 받거나 잘못된 방향으로 스트레스를 받으면 여러 가지 부정적인 증상들이 나타납니다. 그중에서 가장 특징적인 증상이 바로 '불면증', '수면 장애'입니다.

2022년 한 해 동안 잠을 제대로 이루지 못하는 수면 장애로 병원을 찾은 환자가 110만 명 가까이 됐습니다. 국민건강보험공단이 발표한 '2018~2022년 수면 장애 환자 진료 현황'에 따른 보고입니다. 수면 장애로 진료받은 환자가 2018년 85만 5,025명에서 2022년 109만 8,819명으로 5년 새 약 244,000명으로 28.5퍼센트 증가했습니다.

이렇게 세상은 잠들지 못하고 있습니다. 사람들은 쉬지 못하고 피곤함에 찌들어 있습니다. 한밤중에, 이른 새벽에 겨우 선잠으로 눈을 붙이거나 그것도 불가능하여 약의 힘을 빌리지 않고는 자지 못하는 사람들이 우리 주위에 많이 있습니다.

미국에서 하루에 팔려 나가는 아스피린, 수면제, 신경 안정제 등이 무려 수십만 톤이나 된다고 합니다. 우리 한국도 예외가 아닙니다. 우리는 몸도 마음도 모두 피곤해 있습니다. 더 심각한 것은 영혼까지도 지쳐 있다는 것입니다. 그러므로 오늘 우리에게 있어서 참으로 필요한 것은 참된 안식과 쉼을 누리는 것입니다.

그렇다면 어떻게 우리는 참된 안식과 쉼을 누릴 수 있습니까?

인간 외에도 좀처럼 쉬지 못하고 자지 못하는 동물이 하나 있습니다.

어떤 동물일 것 같습니까?

개는 아닙니다. 개는 툭하면 늘어져서 잠에 빠집니다. 곰도 아닙니다. 곰은 몇 달 동안 겨울잠을 잡니다. 고양이도 아닙니다. 고양이는 특유의 고양이 잠을 개발했습니다. 거의 모든 동물이 쉬는 법을 알고 있습니다.

그러나 양만은 그렇지 못합니다. 양은 좀처럼 잠들지 못하고 쉬지 못합니다. 양의 수면량은 턱없이 모자랍니다. 양은 아주 까탈스러운 동물입니다. 그래서 쉬거나 잠들기 위해서는 모든 상황이 구비되어야 합니다. 양의 그런 모습을 통해 우리 인간 역시 참된 쉼과 안식을 누리기 위해서 먼저 해결해야 할 문제가 무엇인지를 알 수 있습니다.

1. 두려움과 불안이 없어야 합니다

양은 본래 너무나 소심하고 겁이 많은 동물입니다. 양들에게는 자기를 방어하고 보호할 수 있는 무기가 아무것도 없는데 그들을 호시탐탐 노리는 맹수들은 주위에 들끓고 있기 때문입니다. 그래서 거대한 양 떼가 풀밭에서 풀을 뜯다가 길 잃은 산토끼 한 마리만 덤불 뒤에서 뛰쳐나와도 깜짝 놀라 수백 마리가 다 도망을 칩니다. 놀란 양 한 마리가 겁에 질려 달아나면 다른 양들은 영문도 모른 채 함께 부리나케 도망을 칩니다.

이렇게 두려움이 많은 양이지만 푸른 초원에서 편안히 누워 쉴 때가 있습니다. 그들의 인도자요 보호자인 목자가 그들 곁에 함께 있을 때입니다. 목자가 양 떼 곁에 함께 있다는 것은 그 어떤 것으로도 가져다줄 수 없는 참된 평안을 양들에게 가져다줍니다.

우리 역시 그러합니다. 선한 목자이신 주님께서는 세상 끝날까지 항상 양인 우리와 함께하신다고 분명히 약속하셨습니다.

> [마 28:20] … 볼지어다 내가 세상 끝날까지 너희와 항상 함께 있으리라

이렇게 선한 목자이신 주님께서 늘 내 곁에서 나와 함께 있다는 사실보다 나를 담대하게 만들고 평안하게 만드는 것은 없습니다.

오늘 우리는 언제 무엇이 닥칠지 모르는 불확실하고 불안한 생을 살아가고 있습니다. 우리의 인생길에는 수많은 문제와 어려움과 고통이 도사리고 있습니다. 만약 우리 곁에 선한 목자이신 주님께서 함께하지 않으신다면 우리는 염려와 두려움과 불안 속에 빠져 살 수밖에 없습니다. 그러나 선한

목자이신 주님께서는 우리가 그분을 온전히 신뢰하고 다 맡기고 살 때 함께하시면서 참된 평안을 우리에게 주십니다.

> [요 14:27] 평안을 너희에게 끼치노니 곧 나의 **평안을** 너희에게 주노라 내가 너희에게 주는 것은 **세상이** 주는 것과 같지 아니하니라 너희는 마음에 근심하지도 말고 두려워하지도 말라

선한 목자이신 주님께서 주시는 평안은 결코 세상이 주는 평안과 같지 않습니다. 세상이 주는 평안은 환경에 좌우되는 평안입니다. 문제와 어려움과 걱정거리가 없을 때만 누릴 수 있는 평안입니다.

그런데 우리네 인생살이에 있어서 이런 때가 과연 얼마나 됩니까?

오늘 우리 가운데 아무런 문제와 어려움과 걱정거리가 없는 가정이 얼마나 되겠습니까?

따라서, 우리의 평안함이 우리의 환경과 상황에 달려 있다면, 우리가 평생 살면서 평안한 삶을 살 수 있는 때는 많지 않을 것입니다. 또한, 세상이 주는 평안은 오래갈 수 없고, 잠시 있다가 사라지는 일시적인 평안입니다.

환경과 상황이 좋을 때는 평안하고, 좋지 않을 때는 평안하지 않는다면 그 평안함이 얼마나 지속되겠습니까?

그런데 선한 목자이신 주님께서 주시는 평안은 세상이 주는 평안과 근본적으로 다릅니다. 주님께서 주시는 평안은 골짜기에 자리 잡은 잔잔한 호수와 같은 평안함이 아닙니다. 그것은 바람이 없기에 잔잔한 것뿐이고, 비가 쏟아지지 않기 때문에 맑게 보일 뿐입니다. 바람이 불면 물결이 일고,

비가 쏟아지면 흙탕물이 될 수 있습니다.

따라서, 잔잔한 호수의 평안은 좋은 환경 때문에 잠깐 고요한 것뿐입니다. 이것이 바로 세상이 주는 평안입니다. 그러나 선한 목자이신 주님께서 주시는 평안은 환경을 초월하고 상황을 능가하는 평안입니다. 심령 깊은 곳에서 솟아나는 참되고 영원한 평안입니다.

마치 갈릴리 바다에서 주님께서 누리셨던 그와 같은 평안입니다. 광풍이 휘몰아쳐서 파도가 요란하게 소리치며 뱃전을 때리고, 제자들은 죽게 되었다고 아우성치는 요란한 공포의 분위기 속에서도 고물에 베게 하고 깊이 잠이 드신 주님의 모습 속에서 우리는 선한 목자이신 야웨 하나님께서 주시는 참된 평안함이 어떤 것인가를 잘 알 수 있습니다.

"그가 나를 푸른 풀밭에 누이시며 쉴 만한 물가로 인도하시는도다"라고 고백하는 다윗은 일평생 동안 수많은 어려움과 문제와 위기 속에서 고통당하며 살았습니다. 그러나 다윗은 그 어려움과 문제와 위기의 한복판에서 선한 목자이신 야웨 하나님 곁에 평안히 누워서 자고 있습니다.

[시 4:8(다윗)] **내가 평안히 눕고 자기도 하리니 나를 안전히 살게 하시는** 이는 오직 **여호와**(야웨)**이시니이다**

세상을 살다 보면 때때로 염려하고 불안해하며 두려워할 수밖에 없는 일들이 우리를 찾아옵니다. 그때 선한 목자이신 하나님께서는 그 일들을 해결해 주시고 물리쳐 주셔서 평안을 누리게 하십니다. 그러나 많은 경우에는 문제를 해결해 주시기보다 그 문제의 한복판에서 선한 목자이신 하나님으로 말미암아, 그분이 주시는 은혜로 말미암아 평안을 누리게 하십니다.

그래서 우리는 하나님 안에서 참된 평안과 안식을 누리게 됩니다.

2. 갈등과 긴장이 없어야 합니다

대부분 동물 세계와 같이 양들의 세계에도 '약육강식'(弱肉强食)의 지배 질서가 있습니다. 서로 머리를 부딪쳐서 이긴 양만이 양들의 세계에서 자기 지위와 세력을 유지할 수 있습니다.

일반적으로 우두머리가 된 양은 다른 양들이나 어린양들이 자기가 원하는 가장 탐스러운 목초지에 들어오지 못하도록 머리를 부딪쳐 그들을 쫓아냅니다. 이 우두머리 양 밑에 있는 다른 모든 양도 각자 자기보다 약하거나 자기와 힘이 비슷한 양들에게 머리를 부딪쳐서 힘을 과시함으로 자신의 지위를 지키고, 자기 유익을 추구합니다.

따라서, 이런 환경 속에 사는 양들은 치열한 생존 경쟁으로 인해 늘 갈등과 긴장 속에서 살기에 편안하게 누울 수가 없습니다. 그러나 이런 양들에게 목자가 찾아가면 그들은 즉시 어리석은 경쟁을 멈추고 싸움을 그칩니다. 그리고는 목자 곁에서 편안히 눕기 시작합니다.

이런 양들의 모습이 바로 치열한 생존 경쟁 속에서 서로 갈등하고 긴장하고 살아가는 오늘 우리의 모습입니다. 우리는 치열한 생존 경쟁에서 살아남기 위해 밤낮으로 끊임없이 경쟁하고 살지 않으면 안 됩니다. 그래서 늘 긴장과 스트레스로 인해 쉼을 누리지 못하고 불안과 초조감 속에서 하루하루를 살아갑니다. 그 결과 늘 몸과 마음이 지치고 피곤하며 영혼까지도 지쳐서 힘을 잃고 있습니다.

교회에 나와서 예배드리고, 신앙생활은 하지만 그것이 내게 참된 안식과 쉼을 주지 못하고 오히려 나를 묶고 정죄하고 속박하기에 더욱 무거운 짐처럼 느껴집니다. 선한 목자이신 주님께서는 이런 우리를 찾아오셔서 말씀하십니다.

> [마 11:28] 수고하고 무거운 짐진 자들아 다 내게로 오라 내가 너희를 쉬게 하리라

여기서 "수고하고 무거운 짐진 자들"은 오늘날로 말하면 문제와 어려움에 빠져 병적인 스트레스로 짓눌려 사는 사람들을 가리킵니다.

러시아가 낳은 세계적인 문호(文豪) 톨스토이(Graf Leo Tolstoy, 1828-1910)는 어려서부터 기독교 집안에서 자랐습니다. 그러나 그는 종교로서의 기독교가 기독교 전부인 걸로 오해하고 있었습니다. 기독교가 참된 자유와 해방을 주는 것임을 알지 못하고 무거운 짐으로 인식하기 시작했습니다. 그래서 그는 청소년 시절 홀연히 종교로서의 기독교를 떠납니다.

그 후 오랜 세월이 흐릅니다. 인생의 말년에 톨스토이는 다시 무거운 짐을 지고 그리스도 앞으로 나옵니다. 그리고 선한 목자이신 주님 안에서 참된 안식과 쉼을 발견하게 됩니다.

그의 나이 55세에 기록한 『신앙론』(*My Religion*, 1885)이라는 유명한 책에서 톨스토이는 이렇게 고백하고 있습니다.

> 나는 지난 55년을 살아오는 동안 최초의 15년을 빼놓고는 기쁨이나 행복이나 안식을 알지 못하고 살아왔다. 내가 18세가 되던 해 한 친구는 내게 찾아와서 신(神)이 인간을 만든 것이 아니라 인간이 신을 만들었다고 나를 설

득했고 나는 그 설득에 매료되어 이 종교를 버리기로 결심했다. 종교를 포기하는 것이 자유라고 생각했다. 종교를 포기하는 것이 안식이라고 생각했다. 나에게 종교는 분명히 속박처럼 느껴졌기 때문이다.

그러나 이제 내 나이 55세, 나는 내가 내어버린 어머니의 품 같은 신앙의 품으로 다시 돌아온다. 나는 이제 단순히 종교로 돌아온 것이 아니라 그리스도께로 돌아온 것이다. 그리고 그리스도 안에서 나는 생애 처음으로 진정한 안식을 발견했다.

이렇게 우리는 선한 목자이신 주님 안에서 참된 평안과 안식을 누리게 됩니다.

3. 내부적으로, 외부적으로 괴로움을 받지 않아야 합니다

여름에 양들은 말파리나 쇠파리, 진드기 등의 해충에 시달려서 고통을 당할 때가 많이 있습니다. 특히, 양은 그 털이 너무 부드럽고 숱이 많기에 한 번 진드기나 해충이 서식하기 시작하면 웬만해서는 떨어져 나가지 않습니다. 그때 양들은 극도로 신경이 날카로워져서 도무지 누워 쉴 수가 없습니다.

결국, 견디다 못한 양들은 해충들을 몸에서 떼어 내기 위해 발을 구르며 머리를 마구 흔들어 대기 시작합니다. 그래도 떨어지지 않으면 양들은 덤불 속에 뛰어들어 몸에 피가 나고 가죽이 벗겨지도록 나무에다 몸을 비비기 시작합니다. 따라서, 목자는 자기 양 떼가 기생충으로 인해 고통당하지 않도록 여러 가지 구충제를 사용합니다. 또한, 진드기가 떨어져 나가도록 양털을 살충제로 잘 씻어 줍니다. 그리고 양들이 해충들의 시달림에서 벗어나 편안하게 휴식을 취하도록 쉴만한 나무숲과 덤불들을 준비합니다.

이와 마찬가지로 우리의 삶 속에서 우리를 괴롭히는 여러 가지 영적 기생충이나 영적 해충들이 있습니다. 영적 기생충은 우리 안에서 내적으로 우리를 괴롭히는 것으로 죄악된 성품, 타락하고 부패한 자아, 잘못된 죄책감이나 정죄 의식, 열등 의식, 낮은 자존감, 상처로 인한 고통과 쓴 뿌리 등입니다.

영적 해충은 우리 밖에서 외적으로 우리를 괴롭히는 것으로 타락한 세상, 죄악, 마귀, 그리고 우리를 힘들게 하는 상황과 사람들 등입니다. 주님께서는 영적 구충제와 영적 살충제인 주님의 거룩하신 이름과 보혈, 하나님의 말씀, 하나님의 사랑과 용서, 성령의 능력을 사용하셔서 우리에게 있는 영적 기생충과 영적 해충들을 제거하시고 깨끗이 씻어 주십니다. 그래서 우리는 선한 목자이신 주님 안에서 참된 평안과 안식을 누리게 됩니다.

크리스티 김(Christy Kim)이 쓴 『인생의 응어리를 풀라』(*Pour Out Your Heart To God*)라는 책에 보면 이런 이야기가 기록되어 있습니다.

한번은 크리스티 김이 체격이 건장한 어떤 남자 집사님과 상담한 적이 있었습니다. 어깨가 떡 벌어지고 키와 체격도 그렇게 큰 마흔을 넘긴 중년의 집사님이 울적한 얼굴로 눈물까지 글썽이며 이렇게 말했습니다.

"제가 이렇게 나이를 먹고 아이도 둘이나 되지만, 저는 아직도 아버지한테 듣고 싶은 말이 있습니다. 저는 아버지로부터 한 번도 칭찬의 말을 들어보지 못했습니다. 저는 어떻게 해야 아버지한테 칭찬을 들을 수 있을지 아직도 어린아이처럼 몸부림치고 있습니다."

그러면서 자신의 어린 시절에 관한 이야기를 들려주기 시작했습니다. 아버지는 늘 공부를 강조했습니다. 그래서 열심히 공부했고, 하루는 시험을 쳤는데 100점을 받았습니다. 신이 나서 시험지를 받아 들고 집으로 달려갔습니다. 어머니한테 먼저 보여드렸고, 퇴근하고 돌아오신 아버지께도 보여드렸습니다.

"아버지, 제가 100점을 받아왔어요. 보세요!"

그러면서 내심 아버지의 칭찬을 기대했습니다. 그러나 아버지는 시험지를 받아보고 위아래 훑어보시더니 이렇게 말씀하셨습니다.

"시험이 너무 쉬웠구나!

시험이 쉬우니까 네가 100점을 받지!

또 몇 명이나 100점 받았니?"

그러시고는 한 번도 "와! 너 애썼다. 수고했다. 참 잘했다"라는 말씀을 안 하셨다고 합니다.

문제는 그가 커서 예수 믿는 신자가 되었지만, 하나님 아버지도 자신을 향해 "너 잘했다"라고 하지 않으실 것 같다는 것입니다. 교회에서 아무리 수고하고 봉사해도 하나님이 자기에게 "야! 너 수고했다"라고 하지 않으실 것 같다는 것입니다. 그것은 자신의 육신의 아버지가 그러지 않으셨기 때문에 하나님 아버지께서도 그러지 않으실 거라는 생각이 드는 것입니다.

그런데 상담 후에 그 집사님은 그렇게 칭찬의 말 한마디를 안 해 주던 그 육신의 아버지, 자기에게 일말의 애정 표현을 안 했던 그 아버지를 하나님의 사랑과 예수 그리스도의 이름으로 용서했습니다.

그러자 아픔의 껍질이 떨어져 나가면서 하나님이 새롭게 마음에 와닿기 시작했습니다. 자신을 사랑하시는 하나님을 깊이 만나게 되었고, "수고했다"라고 칭찬하시는 주님의 음성을 듣게 되었습니다. 이 집사님은 영적 구충제인 하나님의 사랑과 용서, 그리고 예수 그리스도의 이름으로 자기 안에 깊이 뿌리박혀 있었던 영적 해충들을 제거하고 참된 자유함과 만족을 누리게 된 것입니다.

4. 배고픔과 목마름이 없어야 합니다

배가 고픈 양들은 누워 있을 수가 없습니다. 그들은 허기진 배를 채우기 위해 이리저리 돌아다니면서 먹을 풀을 찾습니다. 그러다가 먹을 풀이 없으면 나중에는 참지 못하여 독초까지 뜯어 먹습니다. 반면에 배가 부르면 풀밭에 누워서 지그시 눈을 감고 편안하게 되새김질을 합니다. 따라서, 양들이 '푸른 풀밭에 누워 있다'라는 것은 배가 불러서 흡족한 상태에 있다는 것을 보여 줍니다.

[시 23:2] 그가 나를 **푸른 풀밭에 누이시며** …

여기서 "푸른 풀밭"(뻬느오트 떼쉐, in green pastures)이라는 단어는, "풀"(떼쉐)이라는 단어와 "거주지, 목초지"(나아)라는 단어가 함께 쓰인 것입니다. 따라서, "푸른 풀밭"은 단순히 양이 먹을 수 있는 풀이 많이 나 있는 초원만을 가리키는 것이 아닙니다. 이곳은 거주할 수 있는 곳, 즉 광야의 뜨거운 햇볕을 피하여 쉴 수 있는 그늘진 곳도 포함하는 이상적인 목초지를 가리킬 때 사용되는 단어입니다.

거친 광야와 험한 산지가 대부분인 팔레스타인에서 이러한 목초지는 양들에게 풍요와 안식과 평안을 주기에 충분한 삶의 터전이었습니다. 이곳에서 양들은 싱싱하고 부드러운 풀을 마음껏 먹은 후 드러누워 편히 쉴 수 있습니다. 그리고 "그가 나를 … 누이시며"(야르삐체니)라는 단어는 시제가 미완료 시제입니다. 히브리어에서 미완료 시제는 '반복'과 '계속'을 나타냅니다. 따라서, "그가 나를 푸른 풀밭에 누이신다"라는 것은 목자가 양의 일생 동안 계속해서 '푸른 풀밭에 누이신다'라는 의미입니다.

그뿐만 아니라 양 떼가 푸른 풀밭에 누워 있다는 것은 목마르지 않은 상태임도 의미합니다. 양이 목이 마르면 결코 풀밭에 누워 있을 수 없습니다. 목이 마른 양들은 풀밭에 누워 있지 않고 갈증을 해결하기 위해 끊임없이 물을 찾아 헤매고 다닙니다. 만일 마실 만한 맑고 깨끗한 물을 찾아내지 못하게 되면 나중에는 참지 못하여 기생충과 세균들이 득실거리는 더러운 웅덩이의 오염된 물까지 가리지 않고 마시게 됩니다.

따라서, 양들이 푸른 풀밭에 누워 있다는 것은 목자가 양들에게 살찐 꼴을 풍성하게 공급했을 뿐만 아니라 양들을 쉴 만한 물가로 인도하여 맑고 시원한 물을 마음껏 마시도록 했기 때문입니다.

[시 23:2] 그가 나를 푸른 풀밭에 누이시며 (히: 그가 나를) **쉴 만한 물 가로 인도하시는도다**

여기서 "쉴 만한"(메누호트)이라는 단어는 "잔잔한"(KJV: still, NIV: quiet)이라는 의미입니다. 따라서, "쉴만한 물가"(알 메 메누호트, NIV: beside quiet waters)는 '깨끗한 물이 잔잔하게 흐르는 시냇가로 양들이 안전하게 물을 먹기에 적당한 곳'을 가리킵니다. 양은 본능적으로 흐르는 물에 대한 공포심이 있습니다.

가축들 가운데 수영을 가장 못 하는 짐승이 양입니다. 그래서 양들은 조금이라도 세게 흐르는 물가에서는 아무리 목이 말라도 물을 마실 수 없습니다. 이 사실을 아는 목자는 목말라 하는 양 떼를 이끌고 '잔잔한 물가'로 인도합니다.

그리고 "인도하시도다"라는 단어(나할)는 '인도하다, 보호하다'라는 의미입니다. 양 떼가 잔잔한 물가에서 물을 마시면서 편안하게 쉴 때 목자는 양 떼를 보호하기 위해 긴장 가운데서 경계를 늦추지 않습니다. 왜냐하면, 주변에는 호시탐탐 양의 생명을 노리는 맹수들이 있기 때문입니다.

이곳은 맑은 물이 있고 시원한 곳이기에 맹수들도 아침저녁으로 자주 이곳에 와서 물을 마시고 갑니다. 그러기에 양 떼가 잔잔한 물가에서 물을 마시면서 편안하게 쉴 수 있는 것은 목자가 양 떼를 잔잔한 물가로 인도했을 뿐만 아니라 양 떼를 보호하기 위해 불철주야(不撤晝夜)로 지키고 있기 때문입니다. 여기서 "그가 나를 인도하시도다"라는 단어의 시제는 미완료시제입니다. 즉, 목자가 양의 일생 동안 계속해서 '잔잔한 물가로 인도하시고 보호하신다'라는 의미입니다.

마찬가지입니다. 선한 목자이신 주님께서는 양인 우리를 주님의 식탁으로 인도하셔서 평생 생명의 꿀을 계속 먹이십니다. 즉, 주님 자신을 주시고, 말씀의 꿀과 은혜의 꿀을 계속 먹이시는 것입니다. 또한, 생수의 음료도 계속 마시게 하십니다. 즉, 성령의 생수를 끊임없이 마시게 하시는 것입니다.

그래서 우리의 굶주린 영혼을 평생토록 만족하게 하시고, 우리의 갈한 영혼을 평생토록 시원하게 하십니다. 그래서 우리는 주님 안에서 영혼의 안식과 평안을 마음껏 누리게 됩니다.

> [요 6:35] … 나는 생명의 떡이니 내게 오는 자는 결코 주리지 아니할 터이요 나를 믿는 자는 영원히 목마르지 아니하리라

> [요 4:14] 내가 주는 물을 마시는 자는 영원히 목마르지 아니하리니 내가 주는 물은 그 속에서 영생하도록 솟아나는 샘물이 되리라

팔레스타인 지역은 척박한 광야와 험한 산지가 대부분으로 연평균 강우량이 600mm에 불과합니다. 비록 비가 온다고 해도 땅속으로 스며들 뿐 물이 잘 고이지 않는 토양입니다. 그래서 푸른 풀밭도 1년 중 반 이상이 황무지로 변합니다. 10월, 11월에 농작물 파종과 관련된 이른 비가 내립니다. 그리고 3월, 4월에 수확과 관련된 늦은 비가 내립니다.

따라서, 이른 비가 내린 후 1월부터는 푸른 풀이 나기 시작하여 2월이 되면 목초가 무성해집니다. 그래서 2월, 3월이 되면 광야에도 풀과 꽃이 만발하여 아름다운 초원을 이루게 됩니다. 그러다가 4월이 지나고 5월에 접어들면 건기가 되어 비가 내리지 않기에 광야의 모든 풀이 시들고 물도 말라 버립니다.

그래서 목자는 짐을 꾸려 푸른 목초지를 찾아 떠나게 되고 5, 6개월 동안은 집에서 멀리 떨어진 곳에서 생활하게 됩니다. 그 기간 동안 목자와 양은 힘든 생활을 해야만 합니다. 날씨는 뜨겁고 풀도 다 시들어 버리고 물웅덩이도 말라 버립니다. 그래서 목자는 양 떼를 먹일 푸른 초원과 쉴 만한 물가를 찾아다녀야 합니다.

건기 때 유대 광야에서 푸른 초원은 북쪽 계곡 비탈진 곳에 있고, 쉴 만한 물가 역시 북쪽 계곡의 아래에 있습니다. 이곳은 그늘이 지고 시원한 곳이지만, 이곳을 가려면 어두컴컴한 협곡을 지나가야만 합니다. 따라서, 양 떼를 거느리고 북쪽 계곡 비탈진 곳으로 가는 목자는 많은 수고와 노력을 기울일 수밖에 없습니다. 이런 목자의 많은 수고와 희생이 없이는 건기 때 황무지로 변한 유대 광야에서 양 떼가 푸른 초원에서 풍성한 꼴을 먹을 수 없고, 또한 쉴 만한 물가에서 맑고 시원한 생수를 마실 수 없습니다.

마찬가지로 우리가 생명의 떡을 먹고 영생의 생수를 마시며 참된 안식과 평안을 누릴 수 있는 것은 선한 목자이신 주님께서 말할 수 없는 수고와 희생을 치르셨고, 지금도 치르고 계시기 때문입니다. 주님께서는 양인 우리에게 영원한 생명의 양식을 주시기 위해 십자가에서 귀한 몸을 찢으셨습니다. 그 결과 우리는 영원히 주리지 않는 생명의 양식을 공급받게 되었습니다.

또한, 주님께서는 우리에게 영원히 목마르지 않은 생수를 주시기 위해 십자가에서 극심한 목마름의 고통을 당하셨습니다(요 19:28). 그리하여 우리는 영원히 목마르지 않은 영생의 생수를 공급받게 되었습니다.

지금도 선한 목자이신 주님께서는 우리가 주님을 온전히 신뢰하고 따르며 순종할 때 양인 우리를 하나님의 푸른 초원에 누이십니다. 성령의 쉴 만한 물가로 인도하십니다. 우리가 일생을 사는 동안 우리의 모든 필요를 공급해 주시고, 이 모든 것을 더해 주십니다. 그리고 늘 우리와 함께하시면서 우리가 죽을 때까지 우리의 인생길을 선하게 인도해 주십니다.

[시 48:14] 이 하나님은 영원히 우리 하나님이시니 **그가 우리를 죽을 때까지 인도하시리로다**

그래서 험난한 인생살이 가운데서도 참된 안식과 평안을 누리게 하십니다. 그러기에 양인 우리가 할 일은 선한 목자이신 주님을 온전히 신뢰하고 그분의 인도하심에 순종하는 것입니다. 그때 목자이신 주님께서는 우리를 완전한 평안으로 지켜 주십니다.

[사 26:3] 주께서 **심지가 견고한 자를 평강하고 평강하도록 지키시리니** 이는 그가 주를 신뢰함이니이다

따라서, 우리가 어떤 상황 속에서도 완전한 평안의 삶을 살기 위해서는 선한 목자이신 주님을 온전히 신뢰해야 합니다. 그러면 우리의 심지가 견고해집니다. 속사람이 강해집니다.

그런데 지금 우리는 어떻습니까?

어떤 상황 속에서도 늘 선한 목자이신 주님을 바라보고 그분만을 온전히 신뢰하며 삽니까?

여기 백지 한 장이 있습니다. 이 백지는 아무것도 적히지 않은 빈 종이입니다.

무엇이 보입니까?

그저 종이 한 장이 보일 것입니다. 이제 한복판에 점을 하나 찍겠습니다. 그리고 다시 종이를 보십시오.

이번엔 무엇이 보입니까?

점이 보이지요?

그렇지요?

바로 그게 문제입니다. 점 하나가 흰 종이 전체를 가려버린 것입니다.

이것이 바로 오늘 우리의 모습이 아닙니까?

우리는 물 위를 걸어오시는 주님을 보기보다 우리 곁에서 일렁이는 거친 물결을 먼저 봅니다. 배고픈 사람 수만 명을 먹이신 주님께 초점을 맞추기보다는 바닥을 보이기 시작하는 쌀통에 초점을 맞춥니다. 반석을 쳐서 샘물을 내시는 주님을 보기보다 메마른 광야만을 바라봅니다. 이렇게 넓은 백지보다 조그마한 점 하나에 초점을 맞추고 그 점만을 바라봅니다. 이것이 양인 우리의 근본적인 문제입니다.

사랑하는 성도 여러분!

우리가 늘 초점을 맞추고 살아야 할 대상은 환경이 아닙니다. 상황이 아닙니다. 사람들이 아닙니다. 우리 자신도 아닙니다. 우리가 가진 것도 아닙니다. 오직 우리의 선한 목자이신 여호와 하나님, 야웨 하나님이십니다. 그러므로 언제나 선한 목자이신 하나님만을 바라보고 그분을 온전히 신뢰하십시오. 그분을 따르고 그분의 인도하심에 순종하십시오.

그때 하나님께서는 여러분의 선한 목자가 되셔서 여러분을 하나님의 말씀과 은혜의 푸른 초원에 누이시고 성령의 생수의 쉴 만한 물가로 인도하실 것입니다. 그리하여 여러분은 어떤 상황 속에서도 선한 목자이신 하나님 품 안에서 참된 쉼과 안식과 만족을 누리게 될 것입니다.

제4장
내 영혼이 소생(蘇生)하는 삶(시 23:3)

> [시 23:3] 내 영혼을 소생시키시고 …

　인생을 살면서 때때로 우리는 정글에서 길을 잃고 헤매는 것과 같은 위기를 겪습니다. 알면서도 죄를 범하고, 또한 부지 중에 죄를 범합니다. 자신이나 가족들의 건강에 문제가 생깁니다. 인간관계 속에서 깊이 상처를 입어 마음이 상하기도 합니다. 지갑은 텅 비어 있고 빚쟁이들이 닦달합니다. 배우자와 냉담한 상태로 대화가 끊어진 지가 벌써 한 달이 넘었습니다. 자식은 속을 썩이고 반항하고 심지어 가출하기도 합니다.
　이런 위기 상황들은 마치 아름드리 거목들이 꽉 들어찬 울창한 밀림 한 가운데 있는 것과 같습니다. 그래서 어디로 가야 길을 찾을 수 있는지, 어떻게 해야 문제를 해결할 수 있는지 전혀 앞이 보이지 않습니다. 정신없이 돌아가는 일상이 얽히고 설킨 덤불처럼 사방을 에워싸고 있기에 방향조차 잃고 무턱대고 앞을 향해 나아가고 있습니다.

　이런 우리의 모습은 마치 뒤집힌 상태에 있는 양과 같습니다. 양을 치는 목자가 늘 경계를 게을리하지 않으면서 주의를 기울이는 것이 하나 있습니다. 자기의 양 떼 가운데 혹시 '뒤집힌 양'이 없는가 하는 것입니다. 만약 뒤집힌 양을 재빨리 찾아 일으켜 주지 않으면 아무리 몸집이 크고, 살이 찌고, 힘이 세며, 건강한 양이라고 할지라도 자신의 힘으로는 결코 다시 일어설 수 없습니다.

　그래서 결국 질식하여 죽거나 맹수의 밥이 되고 맙니다. 양은 앞다리를 땅에 버티고 앉아 있으면 괜찮지만, 벌렁 뒤로 넘어져서 등이 땅에 닿고 네 발이 다 허공으로 들리게 되면 누가 일으켜 주지 않고서는 자기 힘으로는 결코 일어설 수 없습니다.

　살이 찌고 털이 긴 양은 편안히 쉬기 위해 종종 조금 우묵하게 들어간 땅에 누우려고 합니다. 그러다가 미끄러져서 몸이 안쪽으로 구르게 됩니다. 이때 잘못하여 갑자기 몸의 중심을 잃게 되면 완전히 몸이 뒤집혀서 등이 땅바닥에 오게 됩니다. 발은 더 이상 땅에 닿을 수가 없게 됩니다. 뒤집혀진 양은 공포감에 사로잡혀 "매에, 매에" 울면서 네 발을 미친 듯이 허우적거리며 심하게 발버둥을 치기 시작합니다. 그러나 그럴수록 몸은 더 굴러가게 되고 다시는 자기 힘으로는 일어날 수 없게 됩니다.

　이렇게 '뒤집힌 양'은 맹수들의 좋은 밥이 됩니다. 늑대, 들개, 표범, 곰, 사자, 독수리, 매 등은 호시탐탐 이런 양들을 노리고 있습니다. 살진 양고기는 그들에게 있어서 최상의 요리입니다. 맹수들은 고소한 양고기를 자기의 먹이로 삼기 위해 그냥 기다리고 있지 않고 애써서 찾아다닙니다. 그래서 기회를 엿보고 있다가 쏜살같이 달려들어 그 양을 찢어 자기의 양식으로 삼습니다.

비록 이런 위험이 없다고 해도 뒤집혀진 양이 네 발을 허공에 쳐들고 허우적거리기 시작하면 위에 가스가 차오르게 되고, 결국 몸의 혈관들이 막히게 됩니다. 날씨가 매우 덥고 햇볕이 내리쪼이는 날이면 그 양은 몇 시간 이내에 죽게 됩니다. 이처럼 양이 뒤집혀지는 것은 양의 생명에 치명적인 위험을 초래합니다. 아무리 몸집이 크고, 살이 찌고, 힘이 세며, 건강한 양이라고 할지라도 예외가 없습니다. 일단 뒤집혀지면 가장 무력하기에 맹수들의 밥이 되거나 질식하여 곧 죽게 됩니다.

따라서, 목자는 매일같이 자기 양 떼에게 주의를 기울이면서 몇 번씩 양 떼의 숫자를 헤아려 봅니다. 그래서 만약 숫자가 모자라면 잃어버린 양을 찾기 위해 이쪽저쪽으로 달려갑니다. 그런 경우에는 대부분 그 양이 뒤집힌 채로 허우적거리고 있기에 최대한 급히 서두르는 것입니다.

이런 '뒤집힌 양'의 모습은 인생의 위기를 겪으면서 영적 침체에 깊이 빠져 길을 잃고 헤매는 우리의 모습에서도 찾아볼 수 있습니다. 우리는 하나님을 나의 목자로 삼고, 그분의 인도하심과 돌보심과 보호하심 속에서 인생을 살아가지만 때때로 우리 영혼이 깊은 침체 속에 빠져 우리 힘으로는 도저히 일어날 수 없는 때도 있습니다.

만약 선한 목자이신 하나님께서 우리를 찾아오셔서 일으켜 주지 않으신다면 우리 영혼은 발버둥 치다 파멸의 길로 가고 맙니다. 우는 사자같이 두루 다니면서 삼킬 자를 찾고 있는 원수 마귀의 밥이 될 수밖에 없습니다.

다윗은 푸른 초원과 쉴만한 물가로 인도하시는 여호와 하나님을 목자로 삼고 살았기에 '내가 부족함이 없으리로다'라고 고백합니다. 그러나 다윗 역시 오늘 우리처럼 인생을 살면서 영적 침체의 늪 속에 깊이 빠져 자신의 힘으로는 일어나지 못하고 허우적거리며 몸부림치던 때가 여러 번 있었습니다. 그러기에 다윗은 고백합니다.

> [시 23:3] (그가) **내 영혼을 소생시키시고** …

여기서 "영혼"이라는 단어(네페쉬)는 '인간 본질로서의 영혼(soul), 즉 우리의 속사람, 우리 내면의 영적 삶'을 가리킵니다. 그리고 "소생시킨다"라는 단어(슈브)는 '돌이키다'(turn, return), '회복시키다'(restore), '새롭게 하다'(refresh)라는 의미입니다. 따라서, "영혼을 소생(蘇生)시키신다"라는 말은 '영혼이 실족하여 거의 죽게 된 것을 다시 일으켜 세워 새로운 생명과 활력을 불어넣는 것'을 가리킵니다.

국어사전에는 '소생'(蘇生)이라는 단어를 이렇게 설명합니다.

> 거의 죽어 가다가 다시 살아남.

이처럼 다윗은 영적 침체에 깊이 빠져 그 영혼이 죽어 가고 있었습니다. 그런데 하나님께서는 그를 불쌍히 여기셔서 그의 영혼을 살려 주시고 회복시켜 주셨습니다.

다윗은 인생을 살면서 영혼이 실족하여 죽게 된 때가 한두 번이 아니었습니다.

그렇다면 그 원인이 무엇이었을까요?

우리에게 영적 침체가 일어나는 데는 여러 가지 요인이 있습니다. 그중에서도 특별히 주요한 두 가지 요인을 다윗의 영적 침체의 모습을 통해 알 수 있습니다.

1. 하나님께 대한 범죄로 인해 영적 침체가 발생합니다

하나님께 범죄 할 때 우리와 하나님과의 관계는 단절되고 우리는 영적 침체에 깊이 빠지게 됩니다. 그 사실을 다윗의 생애 속에서 분명히 볼 수 있습니다. 다윗은 밧세바를 범하고, 남편 우리아를 사악한 계략으로 죽였습니다. 다윗이 그런 끔찍한 죄를 범한 때부터 하나님과의 관계는 단절되었고 그는 심한 양심의 가책에 시달리며 영적 침체 속으로 깊이 빠져 들어갔습니다. 시편에 기록된 다윗의 여러 시는 그 사실을 분명히 보여 줍니다.

> [시 32:3-4] 내가 입을 열지 아니할 때에 **종일 신음하므로 내 뼈가 쇠하였도다 주의 손이 주야로 나를 누르시오니 내 진액이 빠져서 여름 가뭄에 마름 같이 되었나이다**

> [시 38:1-4] 여호와여 주의 노하심으로 나를 책망하지 마시고 주의 분노하심으로 나를 징계하지 마소서 주의 화살이 나를 찌르고 주의 손이 나를 심히 누르시나이다 주의 진노로 말미암아 내 살에 성한 곳이 없사오며 나의 죄로 말미암아 내 뼈에 평안함이 없나이다 내 죄악이 내 머리에 넘쳐서 무거운 짐 같으니 내가 감당할 수 없나이다

> [시 51:8-12] 내게 즐겁고 기쁜 소리를 들려주시사 주께서 꺾으신 뼈들도 즐거워하게 하소서 주의 얼굴을 내 죄에서 돌이키시고 내 모든 죄악을 지워 주소서 … **주의 구원의 즐거움을 내게 회복시켜 주시고 자원하는 심령을 주사 나를 붙드소서**

다윗은 인생의 수많은 날 동안 기쁨과 감사함으로 하나님을 찬양하며 살아왔습니다. 그런데 그가 죄를 범하자마자 그의 입에서는 기쁨과 감사의 소리가 그쳤고 찬양의 노래가 사라졌습니다. 무엇보다 그는 구원받은 감격과 즐거움을 잃어버리고 말았습니다.

다윗은 어둡고 캄캄한 영적 침체의 긴 터널 한가운데서 불안과 두려움에 떨고 있었습니다. 그리고 밤마다 고통과 슬픔의 눈물을 흘리며 뜬눈으로 온밤을 지새웠습니다. 이처럼 다윗이 죄악에 빠졌을 때 하나님과의 개인적이고 인격적인 아름다운 관계는 한순간에 깨어지고 말았습니다.

이렇게 하나님께 대한 불순종과 그로 인한 범죄는 우리의 영적 침체의 가장 크고 주요한 원인이 됩니다. 왜냐하면, 우리의 범죄의 본질은 하나님께 대한 불순종이며 반역이기 때문입니다. 불순종이 심각한 죄악인 이유가 있습니다. 불순종은 하나님의 권위를 무시하는 결과를 낳기 때문입니다. 불순종은 주권자 하나님의 하나님 되심을 인정하지 않고 무시하는 반역의 죄악입니다.

왕의 명령을 무시하는 것은 바로 왕의 권위를 무시하는 것이고 왕을 왕으로 인정하지 않는 것입니다. 그것이 바로 왕에 대한 반역의 행동입니다. 그런 의미에서 하나님께 대한 불순종이 심각한 것입니다. 애굽에서 나온 이스라엘 백성들이 약속의 땅 가나안에 들어가지 못한 이유도 불순종 때문이었습니다(히 3:18). 그리고 북이스라엘과 남유다가 멸망 당한 이유도 불순종 때문이었습니다(렘 16:10-12).

그런데 영적 침체의 주된 원인이 되는 범죄는 다윗처럼 뚜렷하고 확실한 범죄는 물론이지만, 아주 작고 사소한 범죄들도 예외가 아닙니다. 그런 작고 사소한 범죄들이 계속 모여 서서히 쌓이게 되면 영적 침체의 주된 요인으로 작용합니다.

이처럼 우리의 죄악이 크든지 작든지, 죄는 필연적으로 하나님과의 관계에 문제를 일으키고 우리의 영적 삶에 부정적인 영향을 주게 됩니다. 따라서, 하나님께 대한 범죄로 인한 영적 침체에서 우리가 벗어나는 유일한 길은 하나님 앞에 우리의 죄를 철저히 회개하는 길밖에 없습니다.

> [잠 28:13] 자기의 죄를 숨기는 자는 형통하지 못하나 **죄를 자복(自服, confess)**하고 버리는 자는 불쌍히 여김을 받으리라

다윗이 하나님께 범죄한 후 회개하지 않고 자기의 죄를 숨겼을 때 그는 뼈가 쇠하고, 진액이 빠져나가는 극심한 고통을 당하며 종일토록 신음했습니다. 그는 자신이 감당할 수 없는 죄악의 무거운 짐을 지고 뼛속 깊이 불안과 두려움을 느꼈습니다. 왜냐하면, 다윗처럼 하나님의 살아 계심과 선하심과 신실하심과 은혜로우심을 깊이 경험한 사람일수록 범죄로 인하여 초래된 하나님과의 관계 단절과 양심의 가책으로 인한 고통과 괴로움은 훨씬 더 크기 때문입니다.

그렇지만 다윗이 죄를 진실하게 회개했을 때, 그는 하나님의 불쌍히 여기심을 받을 수 있었습니다. 그래서 단절되었던 하나님과의 관계가 회복되었습니다. 그리고 구원의 즐거움을 다시 회복할 수 있었습니다.

> [시 32:1, 5] 허물의 사함을 받고 자신의 죄가 가려진 자는 복이 있도다 … 내가 이르기를 내 허물을 여호와께 자복하리라 하고 주께 내 죄를 아뢰고 내 죄악을 숨기지 아니하였더니 곧 주께서 내 죄악을 사하셨나이다

[시 51:3-4] 무릇 **나는 내 죄과를 아오니 내 죄가 항상 내 앞에 있나이다 내가 주께만 범죄 하여 주의 목전에 악을 행하였사오니** 주께서 말씀하실 때에 의로우시다 하고 주께서 심판하실 때에 순전하시다 하리이다

이렇게 하나님께 대한 범죄로 인해 초래된 우리의 영적 침체는 다른 어떤 것으로도 회복될 수 없습니다. 오직 정직하고 진실한 회개로만 가능합니다. 왜냐하면, 하나님께서는 진실하게 회개하는 자를 불쌍히 여기시고 그분의 크신 사랑과 은혜와 자비를 더욱 풍성하게 허락해 주시기 때문입니다.

그러므로 우리가 영적 침체에 깊이 빠질 때는 무엇보다 먼저 나 자신을 철저히 점검해 보아야 합니다.

'내가 하나님께 불순종하지는 않았는가?'
'내가 하나님께 대하여 범죄 하지는 않았는가?'
'나는 하나님의 권위를 인정하지 않고 무시하며 살지는 않았는가?'

그렇게 점검하면서 내가 하나님께 범죄 하고 불순종했다면, 하나님의 권위를 인정하지 않았다면, 다윗처럼 철저히 회개해야 합니다. 그때 우리는 하나님의 크신 은혜와 긍휼과 자비로 인하여 영적 침체에서 벗어날 수 있습니다.

2. 힘들고 고통스러운 상황으로 인해 영적 침체가 발생합니다

다윗은 일평생 동안 힘들고 고통스러운 상황을 수없이 맞이했습니다. 다윗은 그런 힘든 상황 속에서도 오직 하나님만을 자신의 힘과 반석과 방패와 요새로 삼고 그 하나님을 전적으로 의지하며 살았습니다. 그리하여 하나님의 도우심과 보호하심으로 인하여 고통스러운 상황을 극복하고 승리할 수 있었습니다.

> [시 18:1-3] 나의 힘이신 여호와여 내가 주를 사랑하나이다 **여호와는 나의 반석이시요 나의 요새시요 나를 건지시는 이시요 나의 하나님이시요** 내가 그 안에 피할 나의 바위시요 나의 방패시요 나의 구원의 뿔이시요 나의 산성이시로다 내가 찬송 받으실 여호와께 아뢰리니 내 원수들에게서 구원을 얻으리로다

> [시 18:29] 내가 **주를 의뢰하고 적군을 향해 달리며 내 하나님을 의지하고 담을 뛰어넘나이다**

이런 다윗이었지만, 때로는 그가 극한적인 위기 상황을 맞이했을 때 영적 침체에 깊이 빠지기도 했습니다. 대표적인 경우가 압살롬이 반역을 일으켰을 때였습니다. 사랑하는 아들이 수많은 무리와 함께 반역을 일으키고 아버지를 죽이려고 할 때 백성들 대다수는 압살롬의 반역 사건이 다윗의 범죄로 인한 하나님의 심판이라고 비방했습니다.

그리고는 압살롬 편에 서서 함께 그를 대적했습니다. 민심이 급속히 이반 되었고, 전세가 압살롬 편으로 급속히 기울어졌습니다. 그때 상황이 얼

마나 위급했던지 다윗은 맨발로 급히 예루살렘을 떠나 도망칠 수밖에 없었습니다. 그때의 모습을 성경은 이렇게 묘사합니다.

> [삼상 15:30] 다윗이 감람 산 길로 올라갈 때에 **그의 머리를 그가 가리고** 맨발로 울며 가고 그와 함께 가는 **모든 백성들도 각각 자기의 머리를 가리고** 울며 올라가니라

이때 다윗이 지은 시가 시편 3편입니다. 표제에 "다윗이 그의 아들 압살롬을 피할 때에 지은 시"라고 기록되어 있습니다.

> [시 3:1-2] 여호와여 나의 대적이 어찌 그리 많은지요 일어나 나를 치는 자가 많으니이다 많은 사람이 나를 대적하여 말하기를 그는 하나님께 구원을 얻지 못한다 하나이다

다윗은 인생을 살면서 이런 극한적인 위기 상황에 부딪쳐 영적 침체에 깊이 빠질 때가 여러 번 있었습니다. 그때마다 다윗은 애타게 탄식하며 하나님께 간구했습니다.

> [시 13:1-2] 여호와여 어느 때까지니이까 **나를 영원히 잊으시나이까 주의 얼굴을 나에게서 어느 때까지 숨기시겠나이까 나의 영혼이 번민하고 종일토록 마음에 근심하기를** 어느 때까지 하오며 **내 원수가 나를 치며 자랑하기를** 어느 때까지 하리이까

> [시 22:1-2, 6] 내 하나님이여 내 하나님이여 **어찌 나를 버리셨나이까 어찌 나를 멀리 하여 돕지 아니하시오며 내 신음 소리를 듣지 아니하시나이까 내 하나님이여 내가 낮에도 부르짖고 밤에도 잠잠하지 아니하오나 응답하지 아니하시나이다** … 나는

벌레요 사람이 아니라. 사람의 비방거리요 백성의 조롱거리니이다

우리가 잘 아는 것처럼 다윗은 하나님의 마음에 맞는 영적 거인이며, 위대한 믿음의 사람입니다. 다윗 앞에 서면 우리의 모습은 영락없이 영적 난쟁이의 모습이고, 우리의 믿음은 소인배의 믿음입니다. 이렇게 다윗이 강한 믿음의 사람처럼 보이지만, 그 역시 우리와 똑같은 성정(性情)을 가진 (약 5:17 참고) 연약한 인간에 불과했습니다.

그 역시 목자이신 하나님의 인도하심과 보호하심과 그분의 은혜 없이는 한순간도 살 수 없는 연약한 한 마리 어린 양에 불과했습니다. 이 사실을 다윗은 일생을 통해 깊이 체험하고 또 체험했기에 벅찬 가슴으로 이렇게 고백합니다.

[시 23:3] (그가) 내 영혼을 소생시키시고 …

다윗은 하나님께서 자신의 선한 목자이신 증거를 자기의 영혼을 소생시키시는 하나님 은혜의 역사(役事)에서 찾습니다. 다윗은 영적 침체 속에 깊이 빠져 사망의 음침한 골짜기와 죽음의 계곡을 지나면서 선한 목자이신 하나님의 놀라운 사랑과 은혜를 깊이 경험했습니다. 그리고 그러한 경험을 통해 하나님과의 관계가 목자와 양의 관계임을 깊이 깨닫게 되었고, 영적 침체에서 벗어날 수 있게 되었습니다.

이렇게 다윗은 일평생 동안 선한 목자이신 하나님의 사랑과 은혜를 일마다, 때마다 경험하며 살아왔습니다. 특히, 그가 영적 침체에 깊이 빠졌을 때는 하나님의 넘치는 사랑과 은혜를 더욱 풍성하게 경험할 수 있었습니다.

다윗은 우리아의 아내 밧세바와 동침하는 범죄로 인하여 그 영혼이 거의 실족하여 죽게 된 때도 있었습니다.

그때 선한 목자이신 하나님께서는 다윗을 찾아오셔서 그의 영혼을 소생시켜 주셨습니다. 하나님께서는 다윗이 자신의 죄를 철저히 회개케 하셨고, 또 회개하는 그에게 풍성한 은혜와 자비와 긍휼을 베풀어 주셨습니다.

또한, 다윗이 극도의 위기에 처하여 영혼의 깊은 절망과 침체 속에 깊이 빠져 있을 때도 선한 목자이신 하나님께서는 그를 찾아오셔서 따스한 사랑의 손길로 어루만져 주셨습니다. 그리하여 다윗과 하나님과의 관계는 다시 새로워졌고, 그는 하나님이 자신의 선한 목자이심을 온 마음과 온 삶으로 받아들였습니다.

선한 목자이신 하나님께서는 다윗이 영적 침체에 깊이 빠져 있을 때마다 찾아오셔서 은혜의 손으로 그를 붙잡아 일으켜 세워 주셨습니다. 이렇게 다윗은 영적 침체 속에 깊이 빠져 있을 때마다 선한 목자이신 여호와 하나님의 은혜와 돌보심과 보호하심을 깊이 체험했습니다. 그래서 그는 감격에 넘쳐 고백합니다.

"나의 목자이신 여호와께서 내 영혼을 소생시키셨습니다!"

사랑하는 성도 여러분!

험한 인생을 사는 동안 우리 역시 영혼의 깊은 침체를 맞이할 때가 한두 번이 아닙니다. 우리의 불순종과 범죄로 인하여, 인생살이의 염려와 걱정과 근심으로 인하여, 인간관계에서의 갈등과 긴장으로 인하여, 여러 가지 환경의 어려움으로 인하여 우리의 영혼은 큰 상처를 입고 영적 침체 속에 깊이 빠지게 됩니다. 영적으로 무기력해져서 힘을 잃어버리고 허공을 향하여 두 손을 휘젓기만 합니다.

더 기도할 힘도 없고 죄와 싸워 이길 힘도 없습니다. 마귀의 공격 앞에 맥없이 무너져 버립니다. 기쁨도 없고, 즐거움도 없고, 구원의 감격까지도 잃어버리고 영혼의 큰 고통과 곤고함 속에 처하게 됩니다. 우리의 영혼은 강도 만나서 거의 죽게 된 사람처럼 서서히 죽어 갑니다.

이런 절망적인 상황 속에 빠진 우리를 선한 목자이신 하나님께서는 찾아오십니다. 찾아오셔서 화를 내시거나 싫어하셔서 머리를 흔들지 않으십니다. 연민의 눈과 긍휼의 눈길로 바라보시고 넘어져서 버둥거리는 우리를 그분의 따스한 사랑의 손으로 일으켜 세워 주십니다.

오랫동안 뒤집혀진 상태로 있던 양을 일으켜 세우면 혈액 순환이 되지 않아 근육이 마비됩니다. 그래서 그대로 서 있지 못하고 비틀거리다가 이내 힘없이 주저앉아 버리고 맙니다. 그러면 목자는 근육을 풀어 주기 위해 오랜 시간 동안 마사지해서 혈액 순환이 잘되도록 해 줍니다. 그러면 양은 사지(四肢)에 힘을 얻기에 제대로 걸을 수 있고, 자기 길로 갈 수 있습니다. 이렇게 회복된 양의 모습을 보면서 목자는 기뻐하고 또 기뻐합니다.

우리의 선한 목자이신 하나님께서 우리를 회복시키시는 방법도 이와 같습니다. 우리가 넘어졌을 때 하나님께서는 그분의 따스한 사랑의 손길로 우리를 계속 어루만지시면서 우리를 소생시키시고 회복시키십니다.

베드로는 주님을 모른다고 세 번씩이나 부인한 후 영적 침체 속에 깊이 빠져 있었습니다. 주님께서는 베드로의 영혼이 기진맥진한 절망적인 상태에 있을 때 그를 찾아오셨습니다. 갈릴리 바다로 돌아와 밤이 맞도록 고기를 잡았지만 한 마리도 잡지 못하여 완전히 지쳐 있던 그를 주님께서 다시 찾아오셨습니다.

주님께서는 베드로를 향해 화를 내지 않으셨고, 꾸중하지도 않으셨습니다. 오히려 그분의 사랑을 다시 확인시켜 주시면서 그의 영혼을 소생시켜 주셨습니다. 그리고는 '내 양을 먹이라'는 새로운 사명을 주셨습니다.

사랑하는 성도 여러분!

이 주님의 모습이 바로 양인 우리를 대하시는 선한 목자이신 주님의 모습입니다. 우리의 곤고한 영혼을 소생시키시는 하나님의 모습입니다. 때때로 우리는 자신이 싫어질 때가 있습니다. 나 스스로 내 모습이 용서되지 않고, 용납되지 않을 때가 있습니다. 내가 나를 포기하고 싶을 때가 있습니다.

'왜 나는 늘 이 모양인가?'
'왜 나는 이렇게밖에 살지 못하는 것일까?'
'왜 내 믿음은 이렇게도 부족하고 보잘것없을까?'

그런 자책감에 사로잡혀 괴로워하고 아파할 때가 있습니다. 그러나 그때에도 선한 목자이신 하나님께서는 나를 절대 포기하지 않으십니다. 어떤 일이 있더라도 버리지 않으십니다. 그런 나를 싫어하지 않으십니다. 오히려 나를 붙들어 일으켜 세우기를 간절히 원하십니다. 선한 목자이신 그분의 뒤를 힘 있게 따르도록 사랑의 손길로 어루만져 주시기를 원하십니다.

우리를 어루만져 주시는 선한 목자이신 하나님의 따스한 손길로 인하여 우리가 사지에 힘을 얻고 제대로 걸어갈 때 하나님께서는 그런 우리를 바라보시면서 목자의 큰 기쁨으로 기뻐하십니다. 한 마리 길 잃은 양을 찾아 즐거워하는 목자의 기쁨이 바로 우리의 영혼을 소생시키시는 하나님의 기쁨이고 우리 주님의 기쁨입니다(눅 15:5-7).

미국의 중부 시골 마을에 '마샤 에번스'라는 십 대 소녀가 살고 있었습니다. 입 주위의 신경 조직이 잘못되어 수술을 받았는데 수술 도중 신경을 잘못 건드려서 어린 소녀의 입이 그만 비뚤어지고 말았습니다. 입이 비뚤어진 소녀는 친구를 만나는 것도, 학교에 가는 것도 싫어했습니다. 혹 친구를 만나도 말을 하지 않았고, 집에 와서도 거의 말을 하지 않았습니다. 심지어 엄마하고도 말을 하지 않았습니다.

그는 점점 더 우울한 소녀가 되어 갔습니다. 13번째 생일을 맞던 날, 이 소녀 앞으로 선물이 배달되어 왔습니다. 매우 아름다운 치자꽃이었는데 누가 보냈는지 이름이 없었습니다. 단지 "마샤! 니기 너를 사랑한다"라고 적힌 메모지만 있었습니다.

치자꽃을 보고 있던 마샤가 몇 달 만에 입을 열었습니다.

"엄마, 누가 이 꽃을 보냈을까?

도대체 누굴까?"

"글쎄! 누굴까?

너를 좋아하는 남학생이겠지?"

"누가 나 같은 걸 좋아해?"

"아니야, 너를 좋아하는 사람이 있을 거야."

"그럼, 이름을 쓰지."

"수줍어서 그랬을 거야. 남학생들 가운데도 뜻밖에 수줍어하는 학생들이 많거든.

아마 그런 학생이 보냈겠지."

"그럴까?"

정말 아무것도 아닌 것 같은 치자꽃 하나 때문에 마샤가 입을 열기 시작한 것입니다. 소녀의 마음이 따뜻해지면서 열린 것입니다. 다음 해 생일에도 치자꽃이 배달되었습니다. 그리고 그다음 해, 그다음 해도 치자꽃이 배달되었습니다. 마샤는 점점 더 밝아졌고 좋은 남자를 만나 결혼도 하게 되었습니다. 치자꽃은 마샤가 결혼할 때까지 계속 배달되었습니다.

그런데 결혼한 후에는 더 이상 꽃이 배달되지 않았습니다. 마샤의 어머니가 세상을 떠났기 때문입니다. 그제야 마샤는 알게 되었습니다. 누가 그 꽃을 보냈는지 … . 꽃이 마샤의 인생을 바꾼 것이 아닙니다. 엄마의 따뜻한 사랑이 마샤를 바꾸어 놓았습니다.

허물과 죄로 인해 영원히 죽었던 우리가 구원받아 하나님의 자녀가 될 수 있었던 것은 천국의 머나먼 길을 떠나 저주와 죽음과 멸망에 빠져 있는 이 세상까지 내려오셔서 십자가에 달리신 주님 때문입니다. 인생의 참된 의미와 목적과 가치를 알지 못하고 헛되고 허무한 것을 붙들고 살던 우리의 인생이 참으로 변화되어 참되고 영원한 가치를 추구하며 살게 된 것은 십자가에서 나타난 하나님의 사랑 때문입니다.

지금도 여전히 목자이신 하나님의 품을 떠나 길 잃고 방황하는 우리의 영혼이 소생되고, 다시 하나님의 푸른 초원과 쉴만한 물가에서 쉴 수 있는 것은 위험한 계곡을 지나 벼랑 끝까지 우리를 찾아 내려오신 주님의 희생 때문입니다.

사랑하는 성도 여러분!

여러분 가운데 지금 깊이 낙망하고 있는 분이 계십니까?

자신에 대한 깊은 좌절과 실망 가운데서 괴로워하고 있는 분이 계십니까?

자신의 무능력으로 인해 자책감과 무력감 속에 빠진 분이 계십니까?

어려운 문제와 힘든 상황 속에서 깊은 좌절과 절망과 두려움에 빠진 분이 계십니까?

간절히 기도함에도 응답이 없고 오히려 상황이 악화되어 하나님께 대하여 서운한 마음을 가진 분이 계십니까?

자신이 저지른 실수와 죄악으로 인해 양심의 가책을 느끼면서 후회하고 고통당하고 있는 분이 계십니까?

이 시간 가장 귀한 독생자까지 아낌없이 주신 선한 목자이신 여호와 하나님을 바라보십시오. 선한 목자이신 여호와 하나님은 영적 침체에 깊이 빠져 낙망하고 있는 우리의 영혼을 소생시키시는 유일한 분이십니다. 그분은 깊은 이해심과 따뜻한 동정의 마음을 품으시고 은혜와 자비의 손길을 내미셔서 우리를 붙들어 일으켜 세워 주십니다.

그러기에 하나님을 목자로 모시고 그분의 양으로 사는 우리의 삶에는 절망이란 없습니다. 어떤 상황 속에서도 여러분의 선한 목자이신 하나님을 바라보십시오. 그분만을 의뢰하십시오. 그분께 여러분의 모든 문제를 다 맡기십시오. 그리고 그분께 애타게 기도하십시오. 그때 선한 목자이신 하나님께서는 여러분의 삶 속에 역사하셔서 여러분이 처한 힘든 상황을 변화시킬 것입니다.

무엇보다 여러분 자신을 변화시키셔서 어떤 상황 속에서도 하박국 선지자처럼 기뻐하고 즐거워하며 여러분의 구원이시요 힘이신 그 하나님만을 노래하며 찬양토록 하실 것입니다.

[합 3:18-19상] 나는 여호와로 말미암아 즐거워하며 나의 구원의 하나님으로 말미암아 기뻐하리로다 주 여호와는 나의 힘이시라 나의 발을 사슴과 같게 하사 나를 나의 높은 곳으로 다니게 하시리로다 …

제5장
의의 길로 인도함을 받는 삶(시 23:3)

[시 23:3] … 자기 이름을 위하여 의의 길로 인도하시는도다

인도네시아의 셀레베스 섬사람들은 생계 수단으로 원숭이를 잡아서 팝니다. 그 섬에는 단단한 호박이 나는데 그 중간 부분을 끈으로 묶어 두면 한쪽은 자라고 다른 한쪽은 뭉툭한 모양이 됩니다. 나중에 그 호박 속을 파내어 좁은 병으로 만든 다음 큰 나무에 묶어 놓고 그 속에 쌀을 넣어 둡니다. 그러면 쌀을 좋아하는 원숭이들이 냄새를 맡고 호박 근처로 모여 듭니다.

그중의 한 마리가 호박 속으로 손을 집어넣어 쌀을 움켜쥡니다. 들어갈 때는 빈손이라 잘 들어가지만, 쌀을 한 움큼 움켜 진 후에는 절대 빠지지 않습니다. 원숭이는 애를 쓰지만, 손에 움켜쥔 쌀을 포기하지 않는 한 아무런 소용이 없습니다. 원숭이가 안간힘을 쓰고 있는 사이에 사람들은 대나

무로 엮은 통을 가지고 와서 원숭이를 거기에 잡아넣습니다. 웃지 못할 일은 원숭이는 잡혀가면서도 맹목적으로 고집스럽게 여전히 손에 쌀을 꼭 움켜쥐고 있다는 사실입니다.

이런 모습은 양에게도 있습니다. 양에게는 맹목적으로 고집을 피우는 습관이 하나 있습니다. 그것은 한 곳으로만 다니고 한곳에 머문다는 것입니다. 양들을 그냥 내버려두면 큰 고랑이 패일 때까지 계속해서 같은 길로만 다닙니다. 풀을 뜯어 먹을 때에도 밑동과 뿌리가 상할 때까지 같은 곳에서만 뜯어 먹습니다. 같은 곳만 지나치게 짓밟아서 목초지를 망가뜨려 놓습니다. 질병과 온갖 종류의 기생충으로 들끓게 될 때까지 오물로 온통 풀밭을 더럽혀 놓습니다.

그러기에 만약 목자가 양들을 풀밭에 풀어놓기만 하고 제대로 돌보지 않는다면 양들은 병에 걸려 야위어지고 쇠약해집니다. 그 좋은 목초지도 완전히 황폐해져서 불모의 땅으로 변하고 맙니다. 따라서, 지혜로운 목자는 양들의 이런 나쁜 습관을 잘 알기에 양들이 같은 장소에 너무 오래 머물지 못하도록 주기적으로 이 풀밭에서 저 풀밭으로 양들을 이동하면서 풀을 뜯어 먹게 합니다.

목자는 자기 양 떼를 건강하게 양육하며, 또 양 떼에게 계속해서 풍성한 꼴을 먹일 수 있도록 비옥한 목초지를 만들기 위해 애를 씁니다. 그래서 미리 신중하게 구체적인 계획을 세우고 양 떼를 인도하는 것입니다. 이렇게 목자가 엄밀한 목초지 관리 계획을 세우고, 그 계획을 따라 실행할 때 양 떼를 건강하게 키울 수 있습니다. 그리고 좋은 목초지도 유지할 수 있습니다.

일반적으로 양들의 행동 양식과 생활 습관은 타락한 우리 인간의 모습과 많이 닮았습니다. 대표적인 것이 맹목적으로 고집스러운 모습인데, 이런 모습은 바로 범죄한 우리 인간의 모습이기도 합니다.

[사 53:6] 우리는 다 양 같아서 그릇 행하여 각기 제 길로 갔거늘 …

범죄한 인간은 스스로 자기 인생의 주인이 되어 고집스럽게 제 길로 가면서 자기 소견에 옳은 대로 행하며 삽니다(삿 17:6; 21:25). 그리하여 필경은 사망의 길로 걸어가면서(잠 14:12; 16:25) 스스로 불행한 삶을 살게 됩니다. 다른 사람들과의 관계에서도 자기중심적으로 행하기에 갈등이 있고, 다툼이 있고, 아픔이 있습니다. 서로 사랑하는 사이임에도 불구하고 서로 간에 깊은 상처를 주고받습니다. 이런 생활을 벗어나 아름다운 관계를 이루면서 살기를 원하지만, 그것은 마음뿐입니다.

실제로 이런 생활을 계속 반복하며 심지어는 더 악화되기까지 합니다. 그래서 나중에는 서로의 관계 속에 큰 도랑이 패여서 회복할 수 없을 정도가 됩니다. 이것이 자신에게도 영향을 미쳐 마음이 병들고 육체까지 쇠약해지면서 영적 침체 속에 깊이 빠지게 됩니다. 그때 '하나님의 길'인 '의의 길'을 따라 걷는 것은 불가능합니다.

하나님께서는 이런 우리의 연약한 모습을 잘 아시고 우리를 하나님이 계획하신 기름지고 풍성한 꼴이 넘치는 새로운 초원으로 가는 길인 '의의 길'로 인도하기를 간절히 원하십니다. 그래서 먼저 우리의 영혼을 소생시키시고, 영적 침체 속에서 건져 주십니다.

[시 23:3] 내 영혼을 소생시키시고 … 의의 길로 인도하시는도다

이것이 하나님께서 영적 침체 속에 깊이 빠진 우리의 영혼을 소생시켜 주시는 궁극적인 목적입니다. 영적으로 회복된 우리가 우리의 뜻대로 자기 길을 걷지 않고 하나님의 뜻을 따라 '의의 길'을 걸어가도록 하기 위해서입니다. 따라서, 우리가 영적 침체 속에 빠져 있을 때 거기서 벗어나 우리 영혼이 소생되기를 간절히 사모하는 궁극적인 목적도 바로 '의의 길'을 걸어가는 것이어야 합니다.

단순히 우리 자신의 고통이나 곤고한 삶에서부터 벗어나서 평안한 삶을 살기 위한 것이어서는 안 됩니다. 그것은 부차적입니다. 우리 영혼이 소생되어 하나님의 뜻을 따라 '의의 길'을 따라 걷기 위한 것이어야 합니다. 그래서 다윗은 고백합니다.

[시 23:3] 내 영혼을 소생시키시고 **자기 이름을 위하여 의의 길로 인도하시는도다**

성경에서 '의'(義)를 말할 때 우선적인 개념은 '하나님과 바른 관계'입니다. 따라서, 성경이 말씀하는 '의인' 역시 '하나님과 바른 관계 속에서 사는 사람'입니다. 물론, 의인은 거룩하신 하나님을 닮아 도덕적으로 의롭고 거룩하고 경건한 삶을 삽니다. 그렇지만 그것이 성경이 말씀하는 의인의 본질적인 모습은 아닙니다. 그런 모습은 우리가 거룩하신 하나님과 바른 관계 속에서 살 때 우리 삶 속에서 자연스럽게 나타나는 결과입니다.

선한 목자이신 하나님께서 양인 우리를 인도하시는 '의의 길'은 '우리가 하나님과 바른 관계 속에 살면서 하나님께서 원래 의도하시고 계획하신 주님의 생명을 풍성하게 누리는 삶'을 가리킵니다.

[요 10:10] … 내가 온 것은 **양으로 생명을 얻게 하고 더 풍성히 얻게 하려는 것이라**

우리 인간은 범죄 하여 각기 제 길로 갔고, 각자가 자기 인생의 주인이 되어 고집스럽게 자기중심적으로 행함으로 인해 하나님과의 관계와 인간관계에 있어서 단절의 아픔을 겪게 되었습니다. 그 결과 우리의 심령과 삶은 심히 피폐해졌고 황폐해졌습니다. 하나님께서는 이런 우리를 치유하시고 변화시키셔서 하나님이 원래 계획하신 '의의 길'로 인도하기를 간절히 원하십니다.

하나님과 바른 관계를 맺고, 이웃과도 바른 관계를 맺으면서 주님의 생명을 풍성하게 누리며 살기를 간절히 원하시는 것입니다. 그래서 하나님께서는 가장 사랑하는 독생자 예수님을 이 땅에 보내셨고, 십자가에 못 박아 심판하신 것입니다. 주님께서는 죄인인 우리를 대신하여 하나님의 법정에 서셨습니다. 그곳에서 주님께서는 모든 죄인을 감싸 안으시고 의로우신 재판장이신 하나님께 간청하셨습니다.

"저들이 지은 죄를 내게 돌리십시오!
살인자가 보이십니까?
그가 받을 벌을 내게 주십시오!
간음한 여인이 보이십니까?
그 부끄러움을 내가 당하게 해 주십시오!
편견을 가진 사람들과 거짓말쟁이, 남의 물건을 훔치는 이가 있습니까?
그들에게 하실 일을 제게 행하십시오. 죄인들을 대하듯 저를 대해 주십시오!"

이렇게 주님께서 우리 대신 형벌을 당하셨기에 우리는 의로우신 하나님 앞으로 인도될 수 있었습니다. 선한 목자이신 하나님께서 예비하신 '의의 길'로 걸어가면서 풍성한 삶을 살 수 있게 되었습니다.

> [벧전 3:18] 그리스도께서도 단번에 죄를 위하여 죽으사 의인으로서 불의한 자를 대신하셨으니 이는 우리를 하나님 앞으로 인도하려 하심이라 …

하나님께서 독생자 예수 그리스도를 이 땅에 보내셔서 십자가에 못 박아 죽이신 것은 단순히 우리 죄를 용서해 주시고 구원해 주시기 위해서만이 아닙니다. 만약 우리가 얻은 구원이 단순히 죽은 후에 천국 가는 것만을 뜻하는 영혼 구원을 얻은 것으로 생각한다면, 우리는 우리를 향하신 하나님 아버지의 깊은 마음을 제대로 알지 못하고 있는 것입니다.

예수 그리스도의 십자가와 부활을 통해 하나님이 우리에게 주신 생명은 단순히 우리의 영혼만을 구원하는 생명이 아닙니다. 그 생명은 우리의 영혼뿐만 아니라 우리 삶의 전 영역 속에 활력과 기쁨과 평안과 거룩함을 가져다주는 살아서 역사(役事)하는 생명입니다. 우리를 향한 하나님의 뜻과 계획을 성취하도록 만드는 풍성한 생명입니다.

그러므로 예수 그리스도를 통하여 하나님의 자녀가 된 우리는 이 땅에서 패잔병처럼 고통당하며 비참하게 살아서는 안 됩니다. 주님의 생명으로 충만하여 하나님의 자녀답게 그 생명을 풍성하게 누리며 살아야 합니다. 나를 향하신 하나님의 의도와 뜻과 계획을 성취하며 살아야 합니다. 주님께서는 그런 풍성한 삶을 살도록 우리의 목자가 되셔서 당신께서 앞서 걸어가셨던 '의의 길'로 지금도 우리를 인도하고 계신 것입니다.

하나님께서 예비하신 풍성한 삶을 누릴 수 있는 푸른 초원으로 가는 '의의 길'은 빠르고 쉽게 갈 수 있는 넓고 평탄한 길이 아닙니다. 지름길이 아니라 멀리 돌아서 가는 길입니다. 좁은 길이고 가파른 길이며 험한 광야의 길이기에 걸어가기가 심히 힘든 고난의 길입니다. 따라서, 우리가 그 길로 가려면 반드시 자기를 부인하고, 타락한 자아를 내려놓아야 합니다. 하나님의 뜻을 이루기 위해서 날마다 자기 십자가를 져야 합니다.

> [눅 9:23] 또 무리에게 이르시되 아무든지 **나를 따라오려거든 자기를 부인하고 날마다 제 십자가를 지고 나를 따를 것이니라**

'의의 길'은 언덕 꼭대기까지 가파른 길이 이어집니다. 그 길을 따라 가파른 언덕 꼭대기까지 올라가야 비로소 널디 넓은 푸른 초원이 펼쳐져 있는 것을 발견하게 됩니다. 선한 목자이신 하나님께서는 좁고 가파르고 험한 '의의 길'을 통해서만 양인 우리를 푸른 초원으로 인도하십니다. 그런데 우리 역시 양들처럼 힘들고 험한 '의의 길'로 가지 않으려고 합니다. "여기가 좋사오니"라고 하며 지금 있는 곳에 계속 머물러 있으려고 합니다.

서두에 말씀드렸던 것처럼 양은 안전하고 편하게 느껴지는 쉽고 익숙한 길만을 고집하는 경향이 있습니다. 이런 양들의 습성 때문에 양들을 그냥 내버려두면 목초지의 풀은 남아나지 않습니다. 양들은 풀뿌리가 없어질 때까지 뜯어 먹고 서로 싸우면서 목초지를 황폐하게 만듭니다. 그러기에 양들을 사랑하는 선한 목자는 양들이 비록 싫어하고 힘들어해도 새로운 길로 다니도록 하고, 새로운 풀밭으로 인도합니다.

선한 목자이신 하나님께서 우리를 '의의 길'로 인도하실 때도 역시 그러합니다. 우리가 싫어하고 힘들어해도 좁고 가파르고 험하고 멀리 둘러 가는 '의의 길'로 인도하십니다. 왜냐하면, '의의 길'은 나 자신을 유익하게 하고, 다른 사람들과 공동체를 유익하게 하며, 궁극적으로는 하나님을 유익하게 하는 길이기 때문입니다.

양들처럼 우리 역시 평소에 익숙하게 걸어가던 길을 매일 걷고자 합니다. 우리가 머물던 편안한 곳에 안주하려는 경향이 강합니다. 선한 목자이신 하나님께서 인도하시는 '의의 길'을 따라 보이지 않는 믿음의 길을 걸어가려고 하지 않습니다. 우리가 보기에 안전하게 여겨지고 쉽게 맘 놓고 걸어갈 수 있는 눈에 보이는 길을 걸어가려고 합니다.

그런데 하나님께서 인도하시는 '의의 길'은 오직 믿음의 눈으로 바라볼 때만 앞을 볼 수 있는 길입니다. 사람들의 눈에는 앞이 잘 보이지 않는 길입니다. 그래서 그 길을 걷는 사람들은 불안과 두려움과 염려 속에서 힘들어하고 어려움을 느끼기에 그 길을 걷는 것을 주저하게 됩니다.

따라서, 우리가 선한 목자이신 하나님께서 인도하시는 '의의 길'을 걷기 위해서는 무엇보다 목자이신 하나님의 선하심과 신실하심을 굳게 신뢰하며 확신해야 합니다. 오직 하나님만을 우리의 힘과 도움과 방패와 피난처로 삼아야 합니다.

어떤 사람이 아프리카 밀림 깊숙이 사파리 여행을 했습니다. 앞장선 안내인은 정글용 칼로 무성한 잡초와 가시덤불을 잘라내며 앞을 향해 한없이 걸어갔습니다.

얼마나 갔을까?

피곤하고 더위에 지친 여행객은 짜증 섞인 목소리로 안내인에게 물었습니다.

"여기가 도대체 어딥니까?
우릴 어디로 데려가는 거죠?
길은 어디에 있습니까?"

그러자 경험이 많은 노련한 안내인은 걸음을 멈추고 뒤를 돌아다보며 대답했습니다.
"제가 곧 길입니다."
우리도 종종 우리를 '의의 길'로 인도하시는 주님께 같은 질문을 하곤 합니다.

"주님, 우리를 어디로 몰고 가시는 겁니까?
여기가 도대체 어딥니까?
왜 이렇게 길이 험하고 곳곳에 무성한 가시덤불로 덮여있습니까?
길은 어디에 있죠?"

그러나 정글의 안내인처럼 주님 역시 곧이곧대로 대답을 해 주지 않으십니다. 고작해야 한두 가지 힌트를 주시고는 그만입니다. 만약 선한 목자이신 주님께서 우리가 묻는 질문에 다음과 같이 대답해 주셨다고 생각해 봅시다.
"우리가 지금 어디로 가는지, 여기가 어딘지, 왜 길이 이렇게도 험한지 … ."

만약 주님께서 대답해 주셨더라도 우리는 그 뜻을 거의 이해할 수 없습니다. 사파리 여행에 따라갔던 사람처럼 우리도 인생의 정글에 대해서 아는 게 너무 없기 때문입니다.

그래서 주님께서는 우리에게 일일이 답을 해 주시는 대신에 훨씬 더 큰 선물을 주셨습니다. 바로 선한 목자이신 주님 자신을 우리에게 내어 주신 것입니다. 주님께서는 "내가 곧 길이요"(요 14:6)라고 말씀하십니다. 주님께서는 우리가 있는 정글을 깨끗이 밀어 버리지 않으셨습니다. 무성한 잡초와 널려 있는 가시덤불이 여전히 앞을 가리고 있습니다. 험한 길은 고쳐지지 않았고 여전히 그대로 있습니다. 주님께서는 맹수들을 남김없이 없애 버리지 않으셨습니다. 위험은 여전히 도사리고 있습니다.

이렇게 선한 목자이신 주님께서는 우리에게 소망을 주시기 위해 정글을 바꾸는 방법을 택하지 않으십니다. 주님은 직접 우리 곁에 오심으로써 소망을 회복시켜 주셨습니다. 세상 끝날까지 우리와 항상 함께하시면서 우리를 죽을 때까지 인도하시겠다고 약속하셨습니다. 그리고는 "나를 따르라"라고 말씀하십니다.

[마 28:20] … 볼지어다 내가 세상 끝 날까지 너희와 항상 함께 있으리라 …

[시 48:14] 이 하나님은 영원히 우리 하나님이시니 **그가 우리를 죽을 때까지 인도하시리로다**

이처럼 '의의 길'은 우리와 항상 함께하시면서 우리를 죽을 때까지 인도하시는 선한 목자이신 하나님의 인도하심을 따라 걷는 길입니다. 그 길의 이름이 바로 '의의 길'입니다. 때때로 우리는 하나님께서 인도하시는 길이 '의의 길'이 아닌 것처럼 느껴질 때가 있습니다.

그렇게 의심이 일어날 때마다 우리에게 정말 필요한 것은 "왜 하필 하나님께서는 나를 이렇게 인도하시는가"라고 고민하며 힘들어하는 것이 아닙니다. 나를 인도하시는 하나님이 선한 목자이심을 흔들리지 않는 믿음으로 확신하는 것입니다. 그때 우리는 하나님의 인도하심을 거스르지 않고 순종하면서 따르게 될 것입니다.

결국, 우리는 하나님께서 인도하시는 길이 '의의 길'인 것을 온몸으로 느끼며 체험하여 다윗처럼 감격에 넘쳐 하나님을 찬양하게 될 것입니다.

"주님께서 우리를 자기 이름을 위하여 의의 길로 인도하신다!"

한동대학교 초대 총장이었던 고(故) 김영길 박사의 부인 김영애 권사님의 이야기입니다. 오랜 기간 한동대학교의 재정은 풀리지 않고 고소 고발이 줄을 이으면서 사방이 꽉 막힌 것과 같은 어려운 상황 속에 처해 있던 어느 날이었습니다. 남편 되는 김영길 총장님이 이런 얘기를 했습니다.

"여보! 이제 카이스트(KAIST)에 사표를 내고, 내 퇴직금이나마 교직원 월급으로 써야겠소!"

김영길 총장님은 카이스트에 휴직계를 내고 한동대학교에 왔었는데 이제 그 모든 안정적인 것과 완전한 결별을 하자는 것이었습니다. 김 권사님은 한동대학교에 있으면서 힘들고 지칠 때마다 자신들이 돌아갈 수 있는 카이스트가 있다는 사실이 얼마나 큰 위안이 되었는지 몰랐습니다.

그런데 이제 그곳에 사표를 내야 합니다. 그뿐만이 아닙니다. 노후를 위한 은밀한 대책으로 숨겨놓은 16년 동안의 카이스트 퇴직금도 포기해야 합니다. 김 권사님은 정말 그렇게 하고 싶지 않았습니다. 그래서 못한다는 말은 하지 못하고 핑계로 "여보 … 나도 기도 좀 해 볼게요"라고 말하고는 남편의 생각을 막아 보기 위해 은행에 가서 당장 급하다는 돈을 얼른 학교로 송금했습니다. 그랬지만 자신이 하나님의 명령에 불순종하고 도망 다니는 요나가 아닌가 하는 자책으로 괴로워서 잠도 오지 않았습니다.

이튿날 이른 아침, 한동대학교 후원회장이었던 정근모 박사의 부인이 충북 진천에 있는 수몰교회에 기도하러 간다기에 이영덕 한동대학교 이사장의 부인과 함께 갑작스럽게 따라나섰습니다. 그날 그 교회의 목사님은 김영애 권사님을 비롯한 동행한 분들에게 아브라함이 독자 이삭을 바치는 내용을 설교하셨습니다. 그 말씀을 들으면서 김 권사님은 눈물이 쏟아졌습니다. 하나님께서 자신에게 하시는 말씀으로 느꼈습니다.

목사님은 설교를 마친 후, 각자에게 성경 구절을 주셨습니다. 그때 김 권사님이 받은 말씀은 요한복음 21장 6-18절이었습니다. 부활하신 주님께서 물고기를 잡지 못한 베드로에게 나타나셔서 하신 말씀이었습니다. 그 말씀을 눈물로 젖은 눈으로 읽는데, 마음에 주님의 음성이 새겨졌다.

"사랑하는 내 딸아!

네가 나를 사랑하느냐?

그리고 너는 한동대학교 학생들을 진심으로 사랑하느냐?"

김 권사님은 베드로처럼 주님께 대답했습니다.

"주님, 제가 주님을 사랑하는 줄을 주께서 알고 계십니다.

제가 한동대학교 학생들을 얼마나 사랑하고 있는지 주께서 다 아시지 않습니까?"

"그렇다면 그 퇴직금을 내게 다오!

내가 그들을 위해 쓰게 해 다오!"

김 권사님은 인색한 자신의 모습이 주님께 들킨 것을 깨닫고 울음이 터져 나왔습니다. 즉시 남편에게 전화를 걸었습니다.

"오늘, 하나님의 뜻을 알았습니다. 당신이 원하시는 대로 하세요."

그날 저녁 김 권사님은 고해성사하듯 남편에게 말했습니다.

"여보, 때로 주님이 우리 미래를 더 이상 책임지지 않는 듯 나는 늘 불안했어요. 조롱, 모욕, 핍박, 고발, 고소, 퇴진운동, 그리고 끝없는 돈 걱정, 그때마다 언제나 돌아갈 수 있는 카이스트(KAIST)는 내가 몰래 숨을 수 있는 피난처였지요. 오늘 완전히 그 문이 차단되자 비로소 진짜 피난처가 보이는군요."

두 부부는 함께 하나님께 기도를 올렸습니다.

"주님!

지금까지 눈에 보이는 것만을 의지한 것을 용서하소서. 제 안에 숨겨 두었던 은밀한 피난처를 들키게 하심을 감사합니다. 이제 주님께서 열어 놓으신 진짜 피난처 안으로 들어가기를 원합니다. 보이지 않는 길이지만 주님만 믿고 따르기를 원합니다."

거짓된 은밀한 피난처를 버리고 참된 피난처이신 선한 목자이신 주님을 온전히 의뢰하며 따르게 되었을 때 김영애 권사님은 실로 오랜만에 참된 자유함과 기쁨과 평안함을 깊이 누리게 되었습니다. 그 후로 야윈 몸이 정상 체중으로 회복되었습니다. 그리고 하나님께서 자신들과 한동대학교를 전적으로 책임져 주시는 은혜를 깊이 경험하게 되었습니다.

하나님께서 이렇게 우리를 '의의 길'로 인도하시는 궁극적인 목적이 있습니다. 그것은 하나님의 거룩한 이름을 위하여, 그분의 명예를 위해서입니다.

[시 23:3] … **자기 이름을 위하여** 의의 길로 인도하시는도다

다윗은 여기서 시편 23편의 핵심을 명확하게 밝히고 있습니다. 목자이신 하나님께서 양인 우리를 인도하시는 궁극적인 목적은 '우리의 이름을 위해서'가 아닙니다. 우리의 소원을 위해서가 아닙니다. 우리의 행복을 위해서도 아닙니다. '자기 이름을 위하여', '자기의 영광을 위하여' 양인 우리를 인도하십니다. 하나님의 최대 관심은 우리의 행복이 아니라 하나님 자신의 영광입니다. 하나님께서 우리의 영혼을 소생시키셔서 의의 길로 인도하시는 것도 바로 이 목적 때문입니다.

하나님께서는 그분의 이름을 위하여 우리 영혼을 소생시키십니다. 그분의 영광을 위하여 우리를 의의 길로 인도하십니다. 시편 23편 3절을 히브리어 원문의 순서에 충실하게 번역하면 이렇게 말할 수 있습니다.

[시 23:3(히브리어 원문)] 나의 영혼을 그가 소생시키신다 그가 나를 의의 길들로 인도하신다 **그의 이름을 위하여**

하나님께서 왜 우리의 영혼을 소생시키십니까?
'자기 이름을 위해서.'
왜 우리를 의의 길로 인도하십니까?
'자기 이름을 위해서.'
이것이 시편 23편 전체를 관통하고 있는 일관된 메시지입니다.

[시 23:2] 그가 나를 푸른 풀밭에 누이시며

[시 23:2하] (그가) 쉴만한 물가로 인도하시는도다

[시 23:3] (그가) 내 영혼을 소생시키시고

[시 23:3하] (그가) 자기 이름을 위하여 의의 길로 인도하시는도다

[시 23:4중] … 주께서 나와 함께 하심이라

[시 23:4하] … 주의 지팡이와 막대기가 나를 안위(安慰)하시나이다

[시 23:5] (주께서) 내 원수의 목전에서 내게 상(床)을 차려 주시고

[시 23:5하] (주께서) 기름을 내 머리에 부으셨으니

이렇게 시편 23편에서 계속 반복되며 강조되는 단어는 '그가', '주께서'라는 단어입니다.
누가 이 모든 일을 하셨습니까?
주께서 다 하셨습니다.
무엇을 위해서 다 하셨습니까?
'자기 이름을 위하여' 이 모든 일을 다 하셨습니다.

하나님께서는 우리의 선한 목자가 되셔서 육신의 모든 필요를 공급하십니다. 우리 영혼을 소생시키십니다. 의를 따라 살도록 우리를 인도하십니다. 그런데 이 모든 것의 궁극적인 목적은 우리를 통하여 오직 그분의 이름이 높임을 받으시고 존귀하게 여김을 받으시기 위해서입니다.

양인 우리는 어떤 자들입니까?

주님의 양인 우리는 보배롭고 존귀한 하나님의 사랑받는 자들입니다.

> [사 43:4] 네가 내 눈에 보배롭고 존귀하며 내가 너를 사랑하였은즉 …

또한, 우리는 하나님의 자녀들이며, 그리스도와 함께한 하나님의 공동 상속자들입니다.

> [롬 8:16-17] 성령이 친히 우리의 영과 더불어 **우리가 하나님의 자녀인 것을 증언하시나니 자녀이면 또한 상속자 곧 하나님의 상속자요 그리스도와 함께 한 상속자니** 우리가 그와 함께 영광을 받기 위하여 …

구원받은 우리는 그리스도께서 재림하시면, 그분과 함께 하나님의 모든 축복과 영광을 누릴 하나님의 공동 상속자들입니다.

그렇다면 우리는 이 땅에서 어떤 삶을 살아야 합니까?

보배롭고 존귀한 하나님의 자녀로서 그분의 거룩하신 이름을 위하여 이 땅에서 생명이 넘치는 풍성한 삶을 살아야 합니다.

그런데 현실은 어떻습니까?

실제로 우리 삶은 어떠합니까?

오히려 아픔과 갈등과 다툼 속에서 고통당하며 삽니다. 서로 상처를 주고받으면서 괴로워합니다. 그러다가 나중에는 회복할 수 없을 정도로 정신과 육체가 쇠약해지고, 삶이 피폐해지고 황폐해집니다. 결국, 깊은 영적 침체 속에 빠져 영혼이 죽어가게 됩니다. 이런 우리의 모습은 하나님 아버지의 마음을 근심케 하고 고통스럽게 만듭니다. 아버지이신 하나님의 이름을 욕되게 만듭니다. 그분의 명예를 더럽힙니다. 그분의 영광을 가립니다.

자식이 범죄 하거나 비참하게 살면 자신의 불행일 뿐만 아니라 부모의 마음에 큰 상처와 아픔과 고통을 줍니다. 부모에게 잘못하고 부모를 욕되게 합니다. 하나님과 우리와의 관계 역시 그러합니다. 하나님은 우리의 영적 아버지시며, 우리는 그분의 존귀한 자녀들입니다.

그렇다면 어떻게 사는 것이 정상적인 삶입니까?

하나님과 바른 관계 속에서 풍성한 생명을 누리며 살아야 합니다. 활력과 기쁨과 평안과 거룩함 가운데 나를 향하신 하나님의 뜻과 계획을 성취하며 살아야 합니다. 그럴 때 우리 자신에게 복이 될 뿐만 아니라 우리를 보배롭고 존귀한 하나님의 자녀로 삼아 주신 아버지 하나님께도 큰 기쁨과 영광을 돌리게 됩니다.

그래서 하나님께서는 그분의 거룩한 이름을 위하여, 그분의 명예와 영광을 위하여 우리를 '의의 길'로 인도하십니다. 우리는 '의의 길'을 걸으며 하나님과 바른 관계 속에서 하나님이 계획하신 생명이 넘치는 풍성한 삶을 살게 됩니다.

사랑하는 성도 여러분!

우리는 하나님의 거룩한 이름을 위하여, 하나님의 영광을 위하여 살도록 부름을 받은 하나님의 보배롭고 존귀한 자녀들입니다.

그렇다면 우리의 모습은 어떠해야 합니까?

자식이 자신의 삶을 통해 부모의 이름을 드러내고 부모를 영예롭게 만들 때 자식 역시 복되고 행복합니다. 마찬가지로 우리가 하나님 아버지의 거룩한 이름을 위하여 살 때, 하나님의 영광을 드러내며 살 때, 우리의 삶은 진정으로 복되고 행복합니다. 우리는 참된 가치와 만족과 보람을 누리며 살게 됩니다.

우리가 이렇게 살기 위해서는 더 이상 내가 내 삶의 주인이 되어 나 중심의 삶을 살아서는 안 됩니다. 하나님을 내 삶의 주인으로 모시고 그분과 바른 관계 속에서 하나님 중심의 삶을 살아야 합니다. 선한 목자이신 하나님을 전적으로 신뢰하며 그분의 인도하심에 온전히 순종하며 살아야 합니다.

그러므로 날마다 선한 목자이신 하나님과 바른 관계를 맺고 그분께 순종하며 사십시오. 그런 삶을 위해 날마다 하나님의 말씀을 깊이 묵상하며 그분의 세미한 음성을 들으십시오. 그리고 기도로써 그분께 아뢰며 사십시오. 우리가 이렇게 선한 목자이신 하나님과 깊이 교제하며 그분의 음성에 귀를 기울이는 삶을 살 때 하나님께서는 반드시 그분의 거룩한 이름을 위하여, 그분의 명예와 영광을 위하여 우리를 죽을 때까지 '의의 길'로 인도해 주실 것입니다.

제6장
해(害)를 두려워하지 않는 삶 (시 23:4)

> [시 23:4] 내가 사망의 음침한 골짜기로 다닐지라도
> 해를 두려워하지 않을 것은 주께서 나와 함께 하심이라

　목회하면서 성도들의 안타까운 모습을 많이 봐 왔습니다. 특히, 그중에서 지금도 기억나는 사십 대 초반의 한 젊은 형제님이 있었습니다. 그는 십이지장 바깥에 암이 발병하여 일 년 넘게 투병 생활을 하다 천국으로 갔습니다. 청년 때까지 교회 생활을 잘했지만, 군에 입대한 후부터 예수님을 떠나고 말았습니다. 그리고 결혼한 후에도 돈 버는 재미로 인생을 살았습니다.
　그런데 그렇게 건강하던 몸에 암이 찾아왔고 여섯 번에 걸쳐 항암 주사를 맞았지만, 효과가 없었습니다. 암으로 투병 생활하면서 그동안 멀리했던 교회를 다시 찾게 되었습니다. 그를 찾아가서 복음을 제시했을 때 자신의 죄를 회개하고 예수 그리스도를 자신의 구주와 주님으로 영접했습니다.

어느 날 그를 심방 했을 때 이런 얘기를 했습니다.

"목사님!

제가 그동안 돈을 벌기 위해 얼마나 악착같이 일했는지 모릅니다. 아침 일찍부터 밤늦게까지 일을 했습니다. 먹을 것 안 먹고 쓸 것 안 쓰면서 악착같이 돈을 모았습니다. 그래서 아파트도 장만하고 상가도 장만할 정도로 돈을 모았습니다. 그런데 그게 아무것도 아니더라고요. 암에 걸리니 그 모든 것이 다 헛것이더라고요."

갑자기 건강이 악화되어 세브란스병원 호스피스 환자 기도실에서 그에게 세례를 베풀었습니다. 그의 아내와 작은형수가 세례식에 함께 참석했습니다. 세례를 베풀기 전에 본문의 말씀을 그에게 읽어 주었습니다.

[시 23:4] 내가 사망의 음침한 골짜기로 다닐지라도 해를 두려워하지 않을 것은 주께서 나와 함께 하심이라 주의 지팡이와 막대기가 나를 안위하시나이다

그리고 다음과 같은 내용으로 말씀을 전했습니다. 우리가 인생을 살다 보면 사망의 음침한 골짜기로 다닐 때가 있습니다. 그런데 그중에서 가장 두려운 사망의 음침한 골짜기는 죽음의 골짜기입니다. 왜냐하면, 그 골짜기는 우리 인간이 평생을 사는 동안 한 번도 가 본 적이 없고, 마지막 순간에 딱 한 번 가는 골짜기로 누구도 함께 갈 수 없고, 오직 나 홀로 가야 하는 골짜기이기 때문입니다. 아무리 사랑하는 남편이나 아내라도, 심지어 부모라도 그 길을 함께 걸어갈 수가 없습니다.

그러니 얼마나 외롭고 두렵겠습니까?

이런 우리에게 소망을 주고, 용기와 담대함을 주는 말씀이 바로 본문의 말씀입니다.

[시 23:4] 내가 사망의 음침한 골짜기로 다닐지라도 해를 두려워하지 않을 것은 주께서 나와 함께 하심이라.

그리고는 언젠가 책에서 읽은 이야기를 그에게 했습니다. 어린 딸이 중병에 걸려 죽어가고 있었습니다. 딸은 죽음을 의식하고 두려워하며 아빠에게 물었습니다.

"아빠, 죽으면 어떻게 돼요?

무서워요."

그 말을 들은 아빠는 사랑하는 딸에게 이렇게 대답했습니다.

"우리 사랑하는 딸이 밤에 놀다가 소파에서 자면 아빠가 팔에 안고 방으로 가서 푹신하고 포근한 침대에 누이지. 그러면 안락한 침대에서 푹 자고 난 후 아침에 방에서 눈을 뜨지. 죽음이 바로 그와 같은 것이란다. 우리가 죽으면 예수님께서 우리를 팔에 안으시고 천국으로 가시지. 눈을 뜨면 우리가 천국에 있는 것을 알게 된단다."

딸은 아빠의 얘기를 들은 후 죽음의 두려움을 떨쳐 버리고 평안하게 눈을 감을 수 있었습니다.

이런 이야기를 하면서 비록 형제님이 사망의 음침한 죽음의 골짜기를 지금 걸어가고 있지만, 주님께서 형제님과 함께하시면서 결국 형제님을 천국으로 안고 가실 것이라고 말씀을 전했습니다. 그때 그가 눈물을 흘리며 "아멘!"으로 화답했습니다. 그 모습을 바라보면서 참석한 모든 사람도 함께 눈물을 흘렸습니다. 세례 서약을 하고 세례를 준 후, 예배를 마쳤을 때 그가 눈물을 흘리며 말했습니다.

"목사님!

하나님께서 저를 안 받아 주시면 어떻게 하나 걱정했는데 하나님께서 저를 받아 주셔서 정말 감사합니다. 지금 너무 기쁩니다."

그 형제님은 사망의 음침한 죽음의 골짜기를 지나가고 있었지만 선한 목자이신 주님께서 자신과 함께하신다는 것을 믿고 확신했기에 죽음의 공포와 두려움을 극복하고 오히려 감사하면서 세례를 받았습니다. 그리고 확신과 소망 가운데서 이 땅을 떠나 천국으로 갔습니다.

우리가 인생을 살다 보면 이와 유사한 사망의 음침한 골짜기를 걸어가야 하는 경우들이 있습니다. 본문 4절에 나오는 "사망의 음침한 골짜기"는 자칫 발을 헛디디면 천 길 낭떠러지 아래로 떨어져서 목숨을 잃을 수밖에 없는 위험이 도사리고 있는 좁고 거칠고 위태로운 험한 골짜기를 가리킵니다.

다윗이 양을 치며 살았던 팔레스타인의 요단 계곡 지대는 이런 아주 좁고 험한 협곡(峽谷)이 많이 있었습니다. "사망의 음침한 골짜기"에 해당하는 히브리어 단어(찰르마웨트 뻬게)는 '깊은 어두움의 골짜기'(the valley of deep darkness) 혹은 '죽음의 그늘이 깃든 골짜기'(the valley of shadow of death)라는 의미입니다. 결국, "사망의 음침한 골짜기"는 '생명의 위기를 느끼는 것과 같은 극히 위험하고 어려운 위기의 상황, 거의 죽게 될 지경에 처한 극심한 고통의 상황'을 가리킵니다.

다윗은 일평생 동안 여호와 하나님을 자신의 선한 목자로 삼고 살았지만, 그의 삶이 평온하고 평탄했던 것만은 아니었습니다. 선한 목자이신 하나님께서 자신을 버린 것과 같은 절망적인 상황 속에 처해 있을 때도 많이 있었습니다. 사망의 음침한 골짜기를 지나면서 갈 길을 잃어버리고 어찌할 바를 모르며 유리방황(流離彷徨)할 때가 여러 번 있었습니다.

[시 22:1-2, 6] 내 하나님이여 내 하나님이여 어찌 나를 버리셨나이까 어찌 나를 멀리 하여 돕지 아니하시오며 내 신음 소리를 듣지 아니하시나이까 내 하나님이여 내가 낮에도 부르짖고 밤에도 잠잠하지 아니하오나 응답하지 아니하시나이다

[시 10:1] 여호와여 어찌하여 멀리 서시며 어찌하여 환난 때에 숨으시나이까

[시 31:11-12] 내가 모든 대적 때문에 욕을 당하고 내 이웃에게서는 심히 당하니 내 친구가 놀라고 길에서 보는 자가 나를 피하였나이다 내가 잊어버린 바 됨이 죽은 자를 마음에 두지 아니함 같고 깨진 그릇과 같으니이다

[시 43:2] 주는 나의 힘이 되신 하나님이시거늘 어찌하여 나를 버리셨나이까 내가 어찌하여 원수의 억압으로 말미암아 슬프게 다니나이까

다윗은 인생을 사는 동안 이런 사망의 음침한 골짜기를 여러 번 지나갔지만, 해를 두려워하지 않는다고 확신에 차서 담대하게 고백하고 있습니다. 그것은 선한 목자이신 주님께서 자신과 함께하신다는 사실을 굳게 확신하고 있었기 때문입니다.

[시 23:4] 내가 사망의 음침한 골짜기로 다닐지라도 해를 두려워하지 않을 것은 주께서 나와 함께 하심이라 …

여기서 "다닐지라도"라는 단어(깜 … 엘레크)는 '어떤 길을 걸어갈지라도', '어디까지 가더라도'라는 의미입니다. 따라서, "사망의 음침한 골짜기로 다닐지라도"는 '사망의 음침한 골짜기 길을 걸어갈지라도', '사망의 음침한 골짜기까지 가더라도'라는 의미입니다.

지난날 다윗이 "사망의 음침한 골짜기"와 같은 극심한 고난과 고통의 길을 걸어갈 때 하나님께서는 그와 함께하시면서 인도하시고 보호하시고 도와주셨습니다. 이런 살아 있는 생생한 체험을 바탕으로 하여 다윗은 지금 현재와 또 앞으로 다가올 미래에도 비록 극심한 고난의 골짜기를 지나갈지라도 두려움 없이 지나갈 수 있음을 확신에 차서 고백하고 있습니다.

이처럼 다윗은 사망의 음침한 골짜기를 지나가면서 공포와 두려움이 찾아올 때마다 늘 함께하시는 하나님을 전적으로 의지했습니다. 그래서 시편 56편 3절에서 이렇게 담대하게 고백합니다.

[시 56:3] 내가 두려워하는 날에는 내가 주를 의지하리이다

팔레스타인의 목자들은 여름철이 되면 자기 양 떼를 몰고 먼 곳에 있는 높은 산 위의 초원으로 올라갑니다. 그것은 봄철 내내 양 떼를 방목하여 먹인 목초지에 더 이상 먹일 풀이 남아 있지 않기 때문입니다. 높은 산 위의 초원에는 자기 양 떼가 여름 한철 동안 배부르게 먹을 수 있는 푸른 풀로 가득 차 있습니다.

목자는 그렇게 먹일 풀이 넉넉한 산허리로 양 떼를 이끌고 갑니다. 며칠이 걸릴 수도 있고, 때로는 몇 주가 걸릴 수도 있습니다. 양 떼는 거기서 가을까지 잘 보낸 다음, 풀이 다 말라 버리고 날씨가 견디기 힘들 만큼 쌀쌀

해지면 낮은 지대로 내려와 다른 곳으로 떠나게 됩니다.

이렇게 목자는 양 떼를 이끌고 좁고 가파르고 험준한 길을 따라 산꼭대기에 있는 초원으로 올라가거나 다시 저지대로 내려와야 합니다. 그런데 그렇게 하는 것이 결코 쉬운 일이 아닙니다. 그 길은 여러 날 걸리는 길일 뿐만 아니라 워낙 험준하기에 양 떼는 도저히 그 길로 갈 수가 없습니다. 따라서, 목자는 골짜기나 계곡으로 난 길을 통해 양 떼를 인도합니다. 계곡으로 올라가는 그 길은 산꼭대기로 올라가기에 가장 좋은 길로서 경사가 완만하고, 또 쉽게 물을 찾을 수 있는 길입니다.

무더운 여름철에 양 떼가 여러 날 걸리는 산꼭대기까지 올라가다 보면 쉽게 지치게 되고 심한 갈증을 느끼게 됩니다. 그때 양 떼에게 있어서 가장 필요한 것은 목을 축일 수 있는 시원한 물입니다. 그러기에 목자는 자기 양 떼를 골짜기 길로 인도합니다. 그리고 그 길에는 양들의 허기진 배를 잠시 채울 수 있는 싱싱한 풀들이 파릇파릇 돋아나 있는 곳도 있습니다. 이런 사실을 잘 아는 목자는 자기 양 떼를 골짜기로 난 길로 인도하는 것입니다.

이런 골짜기로 난 길은 자주 험준하고 깎아지른 듯한 양쪽 절벽 사이에 자리 잡고 있습니다. 그래서 하루 동안 햇볕이 비취는 시간이 얼마 되지 않고 대부분은 어두컴컴한 그림자가 드리워져 있습니다. 어두운 계곡에는 늑대, 곰, 승냥이, 표범과 같은 맹수들이 은밀한 바위틈 사이에 숨어 있다가 갑자기 양 떼를 덮치기도 합니다. 양 떼가 걸어가는 길에는 이미 맹수들에게 찢긴 이름 모를 들짐승의 사체와 뼈다귀들이 나뒹굴고 있습니다.

또한, 길 양쪽에는 높이 솟은 깎아지른 벼랑이 있기에 언제 바윗덩어리가 굴러떨어지거나 흙더미가 쏟아질지 모릅니다. 갑자기 폭우가 쏟아지면 거센 물살이 내리 닥칠 수도 있고, 산사태가 날 수도 있습니다. 그리고 날씨가 갑자기 변하여 산꼭대기로부터 골짜기로 진눈깨비를 동반한 세찬 비바람이나 눈보라가 내리칠 때도 있습니다. 그러면 양들은 한기가 들어 감기와 폐렴, 호흡기 장애 등의 합병증에 쉽게 걸려 이른 시일 안에 죽을 수도 있습니다.

그러나 이런 위험들이 산적해 있지만, 목자는 골짜기로 난 길이 자기 양 떼를 풍성한 초원으로 데리고 가는 가장 최선의 길이라는 사실을 잘 알기에 그 길로 양 떼를 인도합니다.

우리가 인생을 살다 보면 하나님을 목자로 모시고 살아감에도 불구하고 때때로 사망의 음침한 골짜기를 지나갈 수밖에 없는 상황에 직면하게 됩니다. 그것은 우리가 선한 목자이신 주님의 인도하심을 따르지 않고 그릇 행하여 자기 길로 갔기 때문인 경우가 있습니다. 그러나 때로는 선한 목자이신 주님께서 의도적으로 우리를 사망의 음침한 골짜기로 인도하시는 때도 있습니다.

그렇다면 그 이유가 무엇입니까?

주님께서는 그 길이 우리를 풍성한 하나님의 초원으로 데리고 가는 가장 좋은 길이며, 최선의 길이라는 사실을 잘 아시기 때문입니다. 주님께서는 우리에게 있어서 가장 복된 것이 무엇이며, 행복한 삶의 비결이 무엇인가를 잘 알고 계십니다. 그것은 바로 우리가 하나님과 바른 관계 속에서 살아가는 삶입니다.

우리가 선한 목자이신 하나님과 바른 관계를 맺고 살지 못한다면 이 세상의 모든 좋은 것을 갖고 있다 할지라도 우리의 삶은 결코 복될 수가 없습니다. 양이 목자와 바른 관계를 맺지 못하고 목자를 떠나 있다면 그 양은 살아도 산 것이 아닙니다. 이미 불행과 비극 속에 빠진 것입니다. 언제 그

양이 잘못된 길로 갈지 모릅니다. 언제 사나운 맹수들이 들이닥칠지 모릅니다. 언제 그 양이 나뒹굴지 모릅니다.

그래서 하나님께서는 때때로 우리를 사망의 음침한 골짜기로 인도하시는 것입니다. 우리는 그 길을 걸으면서 우리의 존재와 삶의 가장 중요한 부분인 하나님과의 관계를 진지하게 살펴보게 됩니다. 그리고 하나님과 올바른 관계를 맺게 됩니다. 양이 푸른 초원과 쉴 만한 물가에 있을 때는 목자가 얼마나 중요한 존재인가를 깨닫지 못합니다. 목자 없이도 얼마든지 풀을 뜯어 먹을 수 있고, 얼마든지 물을 마실 수 있는 것처럼 생각합니다.

그러다가 사망의 음침한 골짜기로 지나갈 때야 비로소 자신의 생존과 삶을 위해 목자의 인도가 얼마나 절실한지를 깊이 체험하게 됩니다. 양들은 사망의 음침한 골짜기에서 목자를 간절히 찾게 되고 온전히 의지하게 됩니다. 그리하여 목자와 올바른 관계를 맺게 됩니다. 2절과 4절을 한번 비교해 보십시오.

[시 23:2] 그가(He) 나를 푸른 풀밭에 누이시며 (히: 그가, he) (나를) 쉴만한 물 가로 인도하시는도다

[시 23:4] 내가 사망의 음침한 골짜기로 다닐지라도 해를 두려워하지 않을 것은 (키: 왜냐하면, for) 주께서 (앗타: 당신께서, you) 나와 함께 하심이라(You are with me) 주의 지팡이 (쉬브데카: 당신의 지팡이, your rod)와 막대기 (우미쉬아느테카: 당신의 막대기, your staff)가 나를 안위하시나이다

다윗은 하나님께서 자신을 푸른 초원에 누이시고 쉴만할 물가로 인도하실 때는 하나님을 가리켜서 "그"(He)라고 고백했습니다. 이 고백은 하나님과 다윗과의 사이에 거리와 간격이 존재하고 있음을 보여 줍니다.

그러나 사망의 음침한 골짜기를 지날 때는 하나님을 그분이 아니라 "당신"(앗타, You)이라고 고백합니다. 이제는 하나님께서 다윗과 함께하시는 "당신"이 되어 하나님과 다윗 사이에 어떠한 거리와 간격도 존재하지 않음을 보여 줍니다. 이렇게 다윗은 사망의 음침한 골짜기를 지나면서 하나님께서 함께하시는 놀라운 은혜를 깊이 체험했습니다.

하나님께서 나와 함께하시는 것을 체험하는 것은 얼마나 놀라운 은혜입니까?

18세기 독일의 위대한 철학자 임마누엘 칸트(Immanuel Kant, 1724-1804)는 이런 고백을 했습니다.

> 나는 일생 참 훌륭하고 좋은 책을 많이 읽었습니다. 그렇지만 나는 그 속에서 시편 23편에 나오는 네 단어보다 내 마음을 고요하고 기쁘게 해 준 말을 발견한 적이 없습니다. 그것은 "주님께서", "나와", "함께", "계시다"라는 말입니다.

"주님께서", "나와", "함께", "계시다"라는 이 네 단어가 바로 "임마누엘", 선한 목자이신 예수 그리스도의 이름입니다(마 1:23).

> [마 1:23] 보라 처녀가 잉태하여 아들을 낳을 것이요 **그의 이름은 임마누엘이라 하리라** 하셨으니 이를 번역한즉 **하나님이 우리와 함께 계시다** 함이라

퍼시 L. 파커(Percy Livingstone Parker)가 편집한 『존 웨슬리의 일기』(*The Journal of John Wesley*)라는 책이 있습니다. 그 책 마지막 부분에는 존 웨슬리 (1703-1791)의 감동적인 임종의 모습이 기록되어 있습니다. 존 웨슬리는 임종하기 전날 밤, 자신의 남은 힘을 모두 모아 이렇게 외쳤습니다.

무엇보다 가장 좋은 것은 하나님이 우리와 함께 계시는 것이다.

그리고는 떨리는 두 팔을 들어 승리를 표시했고, 잠시 숨을 몰아쉰 후에 다시 고백했습니다.

구름이 가득 내려온다. 주님은 우리와 함께 계신다. 야곱의 하나님은 우리의 피난처시다.

우리 대다수는 평안할 때는 하나님을 간절히 찾지 않습니다. 하나님을 온전히 의뢰하지 못합니다. 하나님 없이도 얼마든지 인생길을 잘 걸어갈 수 있는 것처럼 생각합니다. 하나님을 의뢰하지 않고도 얼마든지 혼자서 잘 살 수 있는 것처럼 생각합니다. 그래서 하나님과 우리 사이에 거리와 간격이 존재하는 것을 우리 자신도 느낍니다. 그러다가 사망의 음침한 골짜기와 같은 극히 위험하고 힘들고 어려운 위기의 상황이 찾아오면 그때에야 비로소 하나님이 얼마나 내게 절실한 분인가를 알게 됩니다.

하나님의 인도하심과 돌보심과 보호하심이 없이는 한순간도 도저히 살 수 없는 비천하고 무력한 존재인 것을 깊이 깨닫게 됩니다. 그래서 하나님을 간절히 찾게 되고, 그분께 나아가 내 죄를 철저히 회개합니다.

그때 멀어졌던 하나님과의 관계가 밀접해지고 올바른 관계를 갖게 됩니다. 내가 누구이고, 우리가 믿는 하나님이 누구시며, 그분과의 관계가 얼마나 소중한지를 깊이 체험하게 됩니다. 이제는 하나님이 없이는 살 수 없는 존재임을 깊이 깨닫고 오직 하나님만을 온전히 의뢰하고 그분께 모든 것을 의탁하며 살게 됩니다.

하나님과의 관계가 얼마나 소중한지를 깨닫고 그분과 친밀히 교제하며 동행하는 삶을 살게 됩니다. 그때 하나님께서는 나와 함께 하시는 '앗타'(당신)가 되어 하나님과 나 사이에 아무런 거리와 간격이 존재하지 않게 됨을 우리 자신도 느끼게 됩니다.

우리 인간은 누구나 다 약하고 연약한 존재입니다. 평안하고 어려움이 없을 때는 강한 믿음 속에서 살다가도 환난과 고난의 바람이 휘몰아쳐 오고 시련과 역경의 거센 물결이 덮쳐오면 질그릇처럼 나약해지는 것이 바로 연약한 우리의 모습입니다. 그러나 그때도 우리가 결단코 놓치지 말고 굳게 붙잡아야 할 두 가지 중요한 진리가 있습니다.

첫째, 선한 목자이신 하나님께서 우리를 사망의 음침한 골짜기로 인도하시는 데는 분명한 목적이 있다는 것입니다.

그 목적은 사망의 음침한 골짜기를 지나면서 우리가 하나님 없이는 살 수 없는 존재임을 깊이 깨닫고 하나님과 올바른 관계를 맺는 것입니다. 그리고 그 후에 하나님께서 예비해 놓으신 풍성한 삶을 누리며 사는 것입니다. 그러기에 우리는 사망의 음침한 골짜기를 지나갈 때 반드시 하나님과 올바르고 친밀한 관계를 회복해야 합니다.

그리고 조만간 하나님께서 예비해 놓으신 축복의 초원이 눈 앞에 펼쳐진 다는 사실을 확신하며 사망의 음침한 골짜기를 소망 가운데서 담대하게 걸 어가야 합니다. 우리가 사망의 음침한 골짜기를 걸어갈 때 놓치지 말고 굳 게 붙잡아야 할 또 하나의 진리가 있습니다.

둘째, 선한 목자이신 하나님께서 사망의 음침한 골짜기 가운데서 나와 함께 하신다는 것입니다.

> [시 23:4] 내가 사망의 음침한 골짜기로 다닐지라도 해를 두려워하지 않을 것은 주 께서 나와 함께 하심이라 …

우리는 사망의 음침한 골짜기를 걸어가면서 선한 목자이신 하나님이 나 와 함께 하신다는 사실을 신뢰하지 못하고 놓치기가 너무나 쉽습니다. 하 나님은 내게 관심도 없으시고, 내 기도를 듣지 않으시며, 심지어 나를 버리 신 것과 같은 생각이 들 때가 있습니다.

그래서 선한 목자이신 하나님을 바라보지 못하고 비참하고 가련한 내 모 습만을 바라봅니다. 내 힘으로는 도저히 벗어날 수 없는 사망의 음침한 골 짜기만을 바라봅니다. 그 결과 깊은 외로움과 절망감과 슬픔과 두려움 속 에 깊이 빠져 한숨짓고 눈물 흘리며 괴로워하게 됩니다.

그러나 그때에도 우리가 그렇게 느끼는 것은 우리의 인간적인 생각이고, 우리를 공격하는 거짓의 아비인 마귀의 사악한 속삭임임을 분명히 기억해 야 합니다. 선한 목자이신 주님께서는 단 한 번도 나를 버리신 적이 없으 셨고, 단 한순간 나를 떠나신 적이 없으셨습니다. 우리는 이 사실을 결단코 잊어서는 안 됩니다.

[히 13:5] 그가 친히 말씀하시기를 **내가 결코 너희를 버리지 아니하고 너희를 떠나지 아니하리라** 하셨느니라

우리는 얼마나 자주 하나님을 잊어버리고 하나님 없이 살아갑니까?

그런데도 하나님께서는 단 한 순간도 나를 잊으신 적이 없으셨습니다. 단 한 번도 나를 홀로 버려두신 적이 없으셨습니다.

[사 49:15-16] 여인이 어찌 그 젖 먹는 자식을 잊겠으며 자기 태에서 난 아들을 긍휼히 여기지 않겠느냐 **그들은 혹시 잊을지라도 나는 너를 잊지 아니할 것이라 내가 너를 내 손바닥에 새겼고** 너의 성벽이 항상 내 앞에 있나니

우리가 자주 부르는 〈오 신실하신 주〉라는 찬양의 가사가 바로 그러한 고백입니다. 2절의 가사를 깊이 새겨보십시오.

> 지나온 모든 세월들 돌아보아도
> 그 어느 것 하나 주의 손길 안 미친 것 전혀 없네
> 오 신실하신 주 오 신실하신 주
> 내 너를 떠나지도 않으리라 내 너를 버리지도 않으리라
> 약속하셨던 주님 그 약속을 지키사
> 이후로도 영원토록 나를 지키시리라 확신하네

이렇게 선한 목자이신 하나님께서는 그분의 약속에 있어서 언제나 신실하신 '여호와 하나님', '야웨 하나님'이십니다. 그래서 반드시 그분의 약속

을 지키십니다. 심지어 내가 정욕과 욕심과 유혹에 이끌려 잘못된 길로 가고 있었을 때도 하나님은 결코 나를 버리지 않으셨고 나를 떠나지 않으셨습니다.

이제까지 우리의 연약함으로 인해 넘어지고 쓰러질 때가 많았지만, 우리가 완전히 엎드러지지 않고 이렇게 여전히 주님을 믿고 살 수 있는 것은 선한 목자이신 하나님께서 그분의 인자하신 손으로 우리를 굳게 붙들어 주셨기 때문입니다.

[시 94:18] 여호와여 나의 발이 미끄러진다고 말할 때에 주의 인자하심이 나를 붙드셨으며

[시 37:24] 그는 넘어지나 아주 엎드러지지 아니함은 여호와께서 그의 손으로 붙드심이로다

종교개혁자 칼빈은 종종 이런 이야기를 했습니다. 어떤 어머니가 벼랑길을 자기의 사랑하는 아들의 손을 잡고 걸어갑니다. 그때 아들은 자기가 어머니의 손을 꼭 잡고 있으므로 그 아슬아슬한 벼랑길을 무사히 걷고 있다고 생각합니다. 그러나 사실은 정반대입니다. 아들이 엄마의 손을 꼭 붙잡았기 때문이 아니라 엄마가 사랑으로 그 아들의 손을 꼭 붙잡았기 때문에 안전한 것입니다.

우리가 사망의 음침한 골짜기를 걸어갈 때도 역시 그러합니다. 선한 목자이신 주님께서 나와 함께 하시면서 나를 꼭 붙들어 주십니다. 내가 주님의 손을 놓쳐도 주님의 손은 여전히 나를 꼭 붙잡고 계십니다. 내가 넘어질

때는 일으켜 주십니다. 나 혼자 힘으로는 도저히 걸어갈 수 없을 때는 내게 다가오셔서 친히 그분의 팔로 안으시고 등에 업으셔서 나를 인도하십니다.

메리 스티븐슨(Mary Stevensen, 1922-1999)이 작시한 〈모래 위의 발자국〉(Footprints In The Sand)이라는 감동적인 신앙시(信仰詩)가 있습니다. 이런 내용의 시입니다.

모래 위에는 두 사람의 발자국이 있었습니다. 그중에 하나는 자신의 것이었고, 또 다른 하나는 주님의 발자국이었습니다. 그녀는 모래 위에 길게 펼쳐진 발자국을 보다가 어느 순간부터 오직 한 사람의 발자국만 있는 것을 보았습니다. 그리고 그때가 자신의 인생에서 가장 절망적이고 가장 슬펐던, 사망의 음침한 골짜기를 걸어갔던 순간이었음을 주목했습니다. 그래서 의아한 마음이 들어 주님께 여쭤보았습니다.

> 주님, 제가 주님을 따르면 항상 저와 함께
> 하시겠다고 말씀하시지 않으셨습니까?
> 그런데 제 인생의 가장 괴로웠던 순간에는
> 그곳에 한 사람의 발자국밖에 없는 것을 봅니다.
> 제가 주님을 가장 필요로 할 때
> 왜 주님께서는 저를 떠나셨는지 이해할 수 없습니다.
> Lord, you said that once I followed you,
> you would walk with me all the way,
> but I have noticed that during
> the most troublesome times in my life,
> there is only one set of footprints.

I don't understand why, in times

when I need you most, you would leave.

그때 주님께서 대답하셨습니다.

나의 소중한 아이야,

나는 너를 결코 떠난 적이 없었단다.

네가 극심한 시련과 고통을 당하는 기간 동안,

네가 오직 한 사람의 발자국만 볼 수 있는 것은

그때 내가 너를 업고 걸어갔기 때문이란다.

My precious child,

I would never leave you

during your times of trial and suffering.

When you see only one set of footprints,

it was then that I carried you.

사랑하는 성도 여러분!

혹시 여러분 가운데 인생의 말할 수 없는 위기 속에서 나 홀로 걸어가고 있다고 생각하는 사람은 없습니까?

혹시 햇빛이 사라진 사망의 음침한 골짜기 속에서 나를 도와주는 사람은 아무도 없다고 생각하면서 절망하는 사람은 없습니까?

하나님은 내게 관심도 없으시고, 그분은 나의 부르짖음을 외면하고 계신다는 생각으로 외로움과 슬픔과 두려움 속에서 고통당하는 사람은 없습니까?

이 시간 영의 눈을 떠서 여러분과 함께하시는 선한 목자이신 주님을 바라보십시오. 그리고 영의 귀를 열어 그분의 세미한 음성에 귀를 기울이십시오.

[사 41:10] 두려워하지 말라 내가 너와 함께함이라 놀라지 말라 나는 네 하나님이 됨이라 내가 너를 굳세게 하리라 참으로 너를 도와 주리라 참으로 나의 의로운 오른손으로 너를 붙들리라

제7장
안위(安慰)함을 받는 삶(시 23:4)

[시 23:4] … 주의 지팡이와 막대기가 나를 안위하시나이다

미국의 한 소년이 암으로 죽어가고 있었습니다. 어머니는 아들을 위로하며 아들에게 시편 23편을 매일 읽어 주었습니다.

"사랑하는 아들아!

이 말씀을 꼭 기억해야 한다. 네가 아파서 힘이 들 때 이 말씀을 생각해라.

여호와는 너의 목자시다!

여호와는 너의 목자시다!

목자이신 너의 하나님이 너를 인도해 주신다면 어떤 일이 있어도 걱정할 필요가 없다."

그런 다음 "The Lord is my shepherd"(여호와는 나의 목자시니)라는 다섯 단어를 읽어 주면서 이렇게 부탁했습니다.

"얘야, 이 다섯 손가락처럼 하나님이 이 말씀을 네게 주신 거야. 꼭 기억해라."

그러면서 어머니는 사랑하는 아들에게 한 단어 한 단어 손가락을 꼽아가며 1절을 되풀이해서 읽으라고 부탁했습니다. 엄지손가락을 꼽으며 'The', 검지를 꼽으며 'Lord', 가운뎃손가락을 꼽으며 'is', 약지를 꼽으며 'my', 새끼손가락을 꼽으며 'shepherd'라고 읽게 했습니다. 그리고 힘이 떨어질 때마다 손바닥에 그 말씀을 써 보라고 했습니다.

어느 날 너무나 고통스러운 아들을 지켜보던 어머니가 반지 하나를 왼손 네 번째 손가락에 끼워 주면서 아들에게 말했습니다.

"사랑하는 아들아!

그런데 네 번째가 제일 중요하단다. 주 여호와는 '나의'(my) 목자야. 하나님이 너의 목자가 되시는 거야. 이것만 확신하면 아무것도 두려울 게 없어."

어느 날 새벽, 아들은 세상을 떠났습니다. 어머니는 아픈 가슴을 부여안고 사랑하는 아들을 바라보았습니다. 그러다가 아들의 손가락을 보게 되었습니다. 아들은 오른손으로 반지가 끼워진 왼손 네 번째 손가락을 꼭 쥐고 있었습니다.

"여호와는 **나의**(my) 목자시니."

사랑하는 아들은 "여호와는 '나의' 목자"라는 말을 되새기며 숨을 거두었던 것입니다.

우리 역시 선한 목자이신 하나님이 '나의' 목자가 되신다면 우리는 죽음의 음침한 골짜기도 두려워하지 않고 담대함과 소망과 평온함으로 지나가게 될 것입니다. 인생을 살면서 사망의 음침한 골짜기 같은 극히 위험하고 어려운 상황 속에서도 다윗처럼 담대하게 고백하며 걸어가게 될 것입니다.

> [시 23:4] 내가 사망의 음침한 골짜기로 다닐지라도 해를 두려워하지 않을 것은 주께서 나와 함께 하심이라 …

우리가 사망의 음침한 골짜기와 같은 극심한 고난의 골짜기를 지나갈 때 가장 필요한 것은 선한 목자이신 하나님께서 나와 함께 하시는 것입니다.

그렇다면 하나님께서는 어떻게 나와 함께하시는 것을 분명히 보여 주십니까?

> [시 23:4] … 주께서 나와 함께 하심이라 주의(히: 당신의) 지팡이와 (히: 당신의) 막대기가 나를 안위(安慰, NIV: comfort)하시나이다

이렇게 하나님께서는 그분의 지팡이와 그분의 막대기로 우리를 안위해 주시는 것을 통해 우리와 함께하시는 것을 분명히 보여 주십니다.

다윗은 이전에 양을 치던 때의 상황을 떠올리고 있습니다. 당시 중동에서 목자들이 양을 칠 때 그들 곁에는 언제나 두 가지 도구가 있었습니다. 그것은 지팡이와 막대기입니다. 목자는 자기 양 떼를 처음 돌보기 시작할 때부터 자기 체격과 힘에 맞는 지팡이와 막대기를 준비하기 위해 노력을 많이 기울입니다.

지팡이는 길이가 약 170센티미터가 넘는 긴 것으로 한쪽이 갈고리 모양으로 구부려져 있습니다. 목자들은 가벼우면서도 단단한 지팡이를 만들기

위해 숲속으로 들어가 가장 적당하다고 생각되는 나무를 베어서 내려옵니다. 그리고 깎고 다듬고 끝을 구부리고, 또 다듬고 해서 자기 손에 꼭 들어맞는 지팡이를 만듭니다. 이 지팡이는 목자가 자기 양 떼를 인도할 때 아주 유용하게 사용됩니다.

양은 기껏해야 9~12미터밖에 보지 못하는 근시입니다. 또한, 후각도 발달하지 못했기에 냄새를 맡아 자기가 가고자 하는 방향을 찾지 못합니다. 그뿐만 아니라 양은 고집이 센 동물로 자기 마음대로 행하기를 좋아합니다. 그래서 종종 대열을 이탈하여 엉뚱한 곳으로 가곤 합니다. 푸른 풀을 한 입 더 뜯어 먹을 욕심에 가파른 벼랑 위로 올라갔다가 실족하기도 합니다.

자기 몸이 가시덤불 속에 갇혀 꼼짝달싹할 수 없게 되는 것도 모르고 가시덤불 속으로 고개를 들이밀고 자꾸 그 속으로 파고 들어갑니다. 그때 목자는 자신의 기다란 지팡이를 뻗어 구부러진 부분을 양의 목에 걸고 잡아당깁니다. 그래서 양들이 원래의 대열로 돌아오도록 합니다.

또한, 목자는 양을 어느 방향으로 인도할 때 지팡이를 양의 옆구리에 가만히 대고 그쪽으로 힘을 가합니다. 그러면 양은 나아갈 길을 알고 방향을 바꾸어 그 길로 가게 됩니다. 이처럼 목자의 지팡이는 양 떼를 올바르게 인도하기 위해 반드시 있어야 하는 필수 도구입니다. 특별히 양 떼가 큰 위험에 직면할 때는 지팡이가 참으로 중요합니다.

양 떼가 큰 위험에 직면할 때는 음침한 골짜기 길을 통해 산꼭대기에 있는 초원으로 올라갈 때와 또 초원에서 내려올 때입니다. 그때 양은 어느 때보다 길을 잃기가 더 쉽습니다. 그 골짜기는 햇빛이 잘 비추지 않기에 대낮에도 어두컴컴한 그림자가 길게 드리워져 있습니다. 그래서 양들이 음침한 골짜기 길을 걸을 때 넘어지거나 뒤집어지거나 대열에서 이탈하여 낭떠러지로 굴러떨어지는 사고를 당하는 경우가 생깁니다.

그때 목자는 즉시 지팡이를 사용하여 양을 잡아 일으키거나 구덩이에서 건져 올립니다. 이렇게 양들은 음침한 골짜기를 지나갈수록 더욱 목자의 인도가 필요합니다. 목자는 양 떼 곁에 바짝 붙어서 지팡이를 가지고 그들을 인도합니다. 그러면 양들은 두려움에서 벗어나 담대함과 평안함으로 사망의 음침한 골짜기를 안전하게 지나갈 수 있습니다.

우리도 마찬가지입니다. 우리가 말할 수 없는 인생의 위기에 처해 사망의 음침한 골짜기를 지나가다 보면 분별력과 판단력이 흐려지기에 그릇된 길로 가기가 십상입니다. 따라서, 우리가 사망의 음침한 골짜기를 지나갈 때는 그 어느 때보다 하나님을 의지하면서 하나님의 인도하심과 돌보심을 받는 게 더욱 필요합니다.

그런데 오늘 우리의 현실은 어떠합니까?

그럴 때일수록 목자이신 하나님을 의지하지 못합니다. 선한 목자이신 하나님의 인도하심과 돌보심을 신뢰하며 그분을 따르지 못합니다. 더욱 허둥대면서 우리 자신의 힘으로 위기를 극복하려고 몸부림칩니다.

그렇게 할수록 우리는 수렁 속에 더욱 깊이 빠져 들어가게 됩니다. 나를 도와주는 사람은 아무도 없다는 생각에 사로잡힙니다. 그래서 낙망하여 절망의 골짜기 속으로 더 깊이 빠져 들어갑니다. 마치 로템나무 아래에서 죽기를 간구했던 엘리야처럼 절망하고 낙담합니다.

그때 엘리야의 마음 깊은 곳에 자리 잡고 있었던 절망적인 생각과 낙담한 감정이 무엇이었습니까?

호렙산에서 하나님께 하소연하는 그의 탄식 소리에서 그의 절망적인 생각과 낙담한 감정이 무엇이었는가를 능히 짐작할 수 있습니다.

[왕상 19:10, 14] … 오직 나만 남았거늘 그들이 내 생명을 찾아 빼앗으려 하나이다

"오직 나만 남았나이다. 나를 도와주는 사람은 아무도 없습니다. 내 사정과 내 마음속의 번민과 고통과 괴로움을 알아주는 사람은 아무도 없습니다. 나는 완전히 외톨이입니다."

그러나 다윗은 달랐습니다. 그는 인생을 살면서 사망의 음침한 골짜기를 많이 통과했지만, 그때마다 하나님께서 함께하시는 것을 깊이 경험했기에 낙망과 절망을 떨쳐 버리고 이렇게 담대하게 고백할 수 있었습니다.

[시 27:1, 5] 여호와는 나의 빛이요 나의 구원이시니 내가 누구를 두려워하리요 여호와는 내 생명의 능력이시니 내가 누구를 무서워하리요 … 여호와께서 환난 날에 나를 그의 초막 속에 비밀히 지키시고 그의 장막 은밀한 곳에 나를 숨기시며 높은 바위 위에 두시리로다

이렇게 하나님께서는 사망의 음침한 골짜기 한복판에서 다윗과 함께하시면서 그의 빛이 되어 주시고 구원이 되어 주시고 생명의 능력이 되어 주셨습니다. 다윗을 지켜 주시고 숨겨 주시고 보호해 주셨습니다. 그러기에 다윗은 지나온 자신의 인생길을 돌이켜 보면서 감격에 넘쳐 고백합니다.

[시 23:4] … 주의 지팡이와 막대기가 나를 안위(安慰, comfort)하시나이다

국어사전에는 '안위(安慰)하다'를 이렇게 설명합니다.
"몸을 편하게 하고 마음을 위로하다."

원래 '안위(安慰)하다'라는 히브리어 단어(예나하무니)는 '위로하다', '동정하다', '안심시키다'라는 뜻입니다. 따라서, '안위하다'라는 말은 '양들이 사망의 음침한 골짜기를 지나가면서 겪게 되는 여러 가지 위험과 맹수들의 공격으로부터 양들을 안전하게 지켜 주는 것'을 의미합니다.

그리고 이 단어의 시제는 '반복'과 '계속'을 나타내는 '미완료형'입니다. 즉, 하나님의 보호하시고 위로하시고 안위하시는 역사(役事)가 끊임없이 계속되고 반복될 것을 의미합니다. 그래서 우리는 죽는 순간까지 우리를 보호해 주시고 안위해 주시는 하나님의 선한 역사(役事)를 깊이 경험하게 될 것입니다.

우리가 사망의 음침한 골짜기를 지나가게 되면 심한 고통을 당하면서 깊은 외로움과 두려움과 절망감을 느끼며 갈 바를 알지 못할 때가 많이 있습니다. 그때 우리에게 반드시 필요한 것이 있습니다. 그것은 하나님께서 우리와 함께하시는 '임마누엘의 은혜'를 깊이 경험하는 것입니다. 우리가 '임마누엘의 은혜'를 깊이 경험하게 되면 우리의 존재와 삶의 가장 중요한 부분이 하나님과의 관계이고, 하나님 없이는 결코 살 수 없는 존재임을 깊이 깨닫게 됩니다.

그래서 하나님과 올바른 관계를 맺게 됩니다. 하나님과 올바른 관계를 맺게 되니까 갈 바를 알게 되고 하나님을 전적으로 의지하게 됩니다. 따라서, 우리가 사망의 음침한 골짜기를 지나갈 때는 반드시 '임마누엘의 은혜'를 경험하고, 하나님의 인도하심을 받을 수 있어야 합니다.

그렇다면 우리는 어떻게 사망의 음침한 골짜기에서 '임마누엘의 은혜'를 경험하고, 하나님의 인도하심을 받을 수 있습니까?

하나님께서 우리를 인도하실 때는 다양한 방법을 사용하셔서 인도하십니다. 꿈이나 환상을 통해 우리를 인도하십니다. 환경을 닫으시거나 여시는 것을 통해 우리를 인도하기도 하십니다(행 16:6-10; 고전 16:9; 고후 2:12). 성숙한 믿음의 사람들의 조언과 충고를 통해서도 우리를 인도하십니다. 때로는 우리 마음에 간절한 소원을 주셔서 인도하시는 때도 있습니다.

> [빌 2:13] 너희 안에서 행하시는 이는 하나님이시니 **자기의 기쁘신 뜻을 위하여 너희에게 소원을 두고 행하게 하시나니**

또한, 하나님께서는 기도할 때 우리의 생각과 느낌으로 인도하기도 하십니다. 아주 드물지만, 내적인 성령의 또렷한 음성으로 인도하기도 하십니다. 그러나 이런 모든 방법, 즉 꿈, 환상, 환경, 믿음의 사람들의 조언과 충고, 마음의 소원, 생각과 느낌, 내적인 성령의 음성 등은 일반적인 하나님의 인도하심의 방법이 아닙니다.

또한, 이런 방법들은 우리 인간의 연약함이나 부족함 때문에 오류가 있을 수도 있습니다. 즉, 하나님의 인도하심이 아닌데도, 그분의 인도하심이라고 생각하는 때도 있습니다. 그리고 하나님이 인도하실 때도 오해하는 때가 있습니다. 그러기에 우리가 이런 여러 가지 방법들을 통해 하나님의 인도하심을 받을 때는 조심하면서 받아들여야 합니다.

하나님께서 우리를 인도하시는 가장 일반적이고 확실한 방법은 말씀을 통해서 인도하시는 것입니다. 따라서, 우리가 달빛이 보이지 않고, 심지어 별빛조차 보이지 않는 캄캄한 인생의 한밤중을 만났을 때, 사망의 음침한 골짜기 가운데 빠져 어찌할 바를 모를 때, 그래서 다른 어느 때보다 하나님의 인도하심과 도우심이 절실하게 필요할 때, 그때 우리가 해야 할 가장 우선적이고 중요한 일은 말씀의 지팡이를 통해서 나를 인도하시는 하나님을 집중해서 바라보는 것입니다.

왜냐하면, 그와 같은 때는 우리가 심히 당황하여 올바른 분별력을 잃고 허둥대기가 너무나 쉽기 때문입니다. 우리가 그렇게 한다면 사망의 음침한 골짜기를 벗어나기가 정말 쉽지 않습니다. 오히려 절망의 골짜기에 더 깊이 빠지기에 거기서 빠져나오는 것이 거의 불가능하게 됩니다. 그러기에 사망의 음침한 골짜기를 지나갈 때는 집중해서 하나님을 바라보고 집중적으로 그분의 음성에 귀를 기울여야 합니다. 그때 우리는 사망의 음침한 골짜기 한복판에서도 여전히 말씀하시는 하나님의 음성을 들을 수 있습니다.

오래전 미국 뉴저지주의 어느 산간에서 있었던 일입니다. 이 산에 많은 사람이 여행을 와 있었고, 또 산 중턱에서는 농부들이 농사를 짓고 있었습니다. 그런데 갑자기 산 아래쪽에서부터 산불이 났습니다. 그래서 그 위에 있었던 많은 사람은 모두 이 산불에 포위되고 말았습니다. 그들은 목숨을 건지기 위해 저마다 산불을 피하여 이리 뛰고 저리 뛰면서 산 아래쪽으로 내려갔습니다. 그러면서 활활 타 올라오는 불길 속을 건너가려고 모험하다가 많은 사람이 불에 타 죽었습니다.

그때 갑자기 어떤 사람이 허둥대는 많은 무리를 향해 이렇게 소리쳤습니다.

"여러분!
허둥대지 마십시오. 우리 모두 산꼭대기로 올라갑시다. 그러면 길이 있을 것입니다."

그의 침착한 인도를 받아 사람들이 산 정상에 올랐을 때, 수풀이 온통 불타고 있었지만, 산 중턱에서부터 개울을 따라 흐르고 있는 물가가 보였습니다. 그리고 물가에는 걸어갈 수 있는 분명한 길이 하나 있었습니다. 그래서 이 지혜로운 사람의 인도를 받은 사람들은 모두 그 개울을 따라 무사히 산불을 피했고, 목숨을 건질 수 있었습니다.

사랑하는 성도 여러분!

우리 역시 그러합니다. 인생의 깊은 어두움의 골짜기를 지나갈수록 혼란과 혼돈 속에 빠져 분별력을 잃어버리고 당황하여 허둥대면 안 됩니다. 내 힘과 능력과 지혜와 방법으로 해결하려고 해서는 안 됩니다. 그렇게 할수록 더 깊은 어두움 속으로 빠져 들어가게 됩니다. 인생의 위기와 난관을 벗어나기 위해서 우리가 해야 할 일은 높은 곳으로 올라가는 것입니다.

그래야 우리 눈앞에 직면한 문제와 위기만을 보는 것이 아니라 전체를 다 볼 수 있기 때문입니다. 하박국 선지자처럼 높은 성벽 위로 올라가서 우리가 처한 어려운 상황이 아니라 오직 하나님만을 바라보아야 합니다. 그리고 더욱 하나님의 말씀에 귀를 기울이면서 그분의 인도하심에 집중해야 합니다.

> [합 2:1-2] 내가 내 파수하는 곳에 서며 성루에 서리라 **그가 내게 무엇이라 말씀하실는지 기다리고 바라보며 나의 질문에 대하여 어떻게 대답하실는지 보리라** 하였더니 여호와께서 내게 대답하여 이르시되 …

우리가 저 높은 곳을 향해 오직 하나님만을 바라보면서 그분의 음성에 귀를 기울일 때 하나님은 말씀을 통해서 우리를 빛 가운데로 인도하십니다. 그뿐만 아니라 우리의 침체된 영혼을 소생케 하시는 영적 회복까지 경험하게 하십니다.

> [시 119:105, 107] 주의 말씀은 내 발에 등이요 내 길에 빛이니이다 … 나의 고난이 매우 심하오니 여호와여 주의 말씀대로 나를 살아나게 하소서

따라서, 우리가 사망의 음침한 골짜기 속에 빠져 있을 때 환경을 바라보고 허둥대면서 우리 힘으로 그 문제를 해결하려고 발버둥 쳐서는 안 됩니다. 만약 그렇게 한다면 우리 영혼과 마음과 삶이 그 문제에 치여 완전히 지치게 됩니다. 나중에는 빠져나올 수 없을 정도로 그 문제에 얽매이게 됩니다. 그때 우리가 해야 할 가장 우선적이고 중요한 일은 조용히 자신을 살피면서 하나님과의 관계를 점검하고 확인하는 것입니다. 하나님의 말씀을 깊이 묵상하는 가운데 하나님의 음성에 귀를 기울이는 것입니다.

그때 우리는 말씀을 통해서 우리를 인도하시는 하나님을 더욱 신뢰하게 되고, 그분과 더욱 친밀한 관계를 맺으며 살게 됩니다. 그 결과 하나님이 함께 하시면서 그분의 지팡이로 우리를 선하고 아름답게 인도하시는 것을 깊이 경험하게 됩니다. 왜냐하면, 하나님만이 사망의 음침한 골짜기에서 벗어나는 길을 알고 계시고, 또 그 길로 우리를 인도하시기 때문입니다. 그리하여 우리 마음속에는 하나님께서 주시는 참된 안위와 위로가 넘치게 됩니다.

한동대학교 초대 총장이었던 고(故) 김영길 박사의 부인 김영애 권사님은 『하나님의 산 역사-갈대 상자』라는 책에서 한동대학교 설립 초창기의 어려움을 이렇게 고백합니다.

개교 전부터 앞이 보이지 않는 출발이었다. 보이지 않는 길을 따라가면서 시간이 가면 차차 나아지리라 생각했다. 그러나 갈수록 길은 더욱 어둡고 좁아지기만 했다. 우리의 다리는 휘청거렸고 고통과 두려움은 커져만 갔다…. 돌이켜 보면 하나님께서는 의도적으로 짙은 안개 속을 걷도록 우리에게 아프고 슬픈 사건들을 허락하셨는가 보다.

우리의 이름, 자존심, 명예, 지위, 재물 등 지금까지 우리가 자랑하고 익숙한 것들을 하나씩 떼어 내시며 오직 그분의 손만 의지하도록 하셨다. 이런 고리들이 하나씩 끊어질 때마다 우리는 금단 현상(禁斷現象)으로 몸을 떨어야 했다.

광야 학교 학생인 우리는 그렇게 깨어지고 부서지며 여기까지 왔다. 한 치 앞도 예측할 수 없는 길이었다. 하지만, 그 길은 가장 안전한 길이었다. 나는 길목 길목마다 동행해 주시는 하나님의 손길을 수없이 지켜보며, 그분의 손에 이끌려 길을 떠난 사람은 그 길이 아무리 캄캄하다 할지라도 가장 안전하다고 감히 외칠 수 있는 '간 큰 사람'이 되어 갔다. 단 한순간도 우리에게서 시선을 떼지 않으시는 하나님을 경험하면서 나는 탄성을 질렀다.

와! 하나님, 굉장하시네!

정말 살아 계시네!

그런데 김영애 권사님은 이렇게 자신들과 항상 동행하시는 하나님의 선한 역사를 경험할 수 있었던 원동력을 다음과 같이 고백합니다.

내가 이렇게 고백할 수 있는 원동력은 바로 하나님의 말씀이었다. 매일 매일의 성경 묵상을 통해 하나님께서 우리에게 주신 '그 말씀'들을 붙들지 않았다면 여기까지 올 수 없었을 것이다. 성경 말씀은 활자 속에 갇혀 있지 않았다.

그것은 능력이었다!

김영애 권사님의 이 고백은 사망의 음침한 골짜기를 지나가면서 말씀의 지팡이로 인도함을 받는 사람들이 공통적으로 고백하는 살아 있는 생생한 고백입니다.

목자가 지팡이 외에 반드시 가지고 다니는 또 하나의 도구는 막대기(몽둥이)입니다. 이 막대기는 길이가 약 45센티 정도로 목자가 허리춤에 차고 다니다가 비상시에 사용합니다. 막대기의 용도는 두 가지인데, 주된 용도는 '보호용'입니다. 양의 생명을 노리는 맹수들로부터 양의 생명과 안전을 지켜 주는 '보호의 몽둥이'입니다. 맹수들이 양들을 공격할 때 막대기를 내리치거나 던져서 맹수들을 쫓아낼 때 사용합니다.

또 다른 용도는 '징계용'입니다. 양들이 잘못할 때 막대기로 양들을 가볍게 치는 용도로 사용합니다. 그런데 양들을 징계하는 것 역시 양들을 보호하기 위한 것입니다. 잘못한 양들이 더 큰 실수나 위험에 빠지지 않도록 미리 예방하고 방지하기 위해 '징계의 몽둥이'로 사용하는 것입니다.

목자는 특별히 자기 양 떼를 맹수들의 위협으로부터 보호하기 위해 정성을 다해 막대기를 준비합니다. 목자는 막대기를 만들기 위해 숲속으로 들어가 아주 단단한 나무 하나를 골라서 뿌리까지 캐냅니다. 그리고는, 시간을 들여 아주 정성을 다하여 깎아 내고 다듬습니다. 나무의 줄기와 뿌리가 맞닿아 있는 밑동의 뭉툭한 부분을 깎고 다듬으면 둥그스름한 머리 모양을 이루어 맹수들을 타격하는 부분이 됩니다.

그리고 손잡이 부분은 자유자재로 쓸 수 있도록 목자의 손에 꼭 맞게 다듬어집니다. 목자는 그 막대기를 가지고 오랜 시간에 걸쳐 먼 거리에 떨어진 목표물을 정확하게 맞히는 연습을 반복해서 계속합니다. 이렇게 해서 목자의 막대기는 양 떼를 지키는 놀라운 무기가 됩니다.

늑대, 들개, 승냥이, 표범 등의 맹수들은 고소한 양고기를 자기 먹이로 삼기 위해 끊임없이 양 떼를 노리고 있습니다. 그래서 목자가 조금만 틈을 보이고 방심하면 쏜살같이 양 떼에게 달려들어 양들을 찢어 자기의 밥으로 삼습니다. 따라서, 목자의 가장 기본적이고 중요한 의무는 양 떼를 맹수들로부터 안전하게 지키는 것입니다. 목자가 자신의 책임과 임무를 제대로 감당하기 위해서는 자기 양 떼를 푸른 초원으로 인도하고, 쉴만한 물가로 인도하는 것으로 끝나서는 안 됩니다.

목자는 자기 양 떼를 맹수들로부터 안전하게 지키기 위해 자신의 생명과 안전을 무릅쓰고 맹수들과 싸워야만 합니다. 따라서, 목자는 반드시 용기와 담대함을 가진 용사가 되어야 합니다. 다윗은 목자의 이런 생생한 체험이 있었기에 골리앗과 싸우러 나가기 전에 사울 왕 앞에서 이렇게 고백할 수 있었습니다.

> [삼상 17:34-35] 다윗이 사울에게 말하되 주의 종이 아버지의 양을 지킬 때에 사자나 곰이 와서 양 떼에서 새끼를 물어가면 내가 따라가서 그것을 치고 그 입에서 새끼를 건져 내었고 그것이 일어나 나를 해하고자 하면 내가 그 수염을 잡고 그것을 쳐죽였나이다

이 막대기는 맹수들로부터 양 떼를 지켜 주는 중요한 무기이기에 목자는 잠을 자면서도 바로 옆에 막대기를 놓고 잡니다. 잠결에 이상한 소리만 들려도 즉시 일어나서 그 막대기를 집어 듭니다. 그리고는 자기 양 떼를 해치려는 맹수를 향해 힘껏 막대기를 던져서 쫓아 버립니다. 이제까지 막대기를 가지고 쉴 새 없이 연습했기에 숙달된 목자는 그 막대기를 가지고 아주 먼 거리에서도 정확하게 목표물을 맞힐 수 있습니다.

그러므로 막대기의 위력은 어떠한 사나운 맹수도 전율을 느끼지 않을 수 없습니다. 목자의 막대기는 물매와 함께 양 떼가 위험에 처할 때 양 떼를 안전하게 지켜줄 수 있는 놀라운 무기입니다. 목자의 막대기는 양 떼가 어떠한 위기에 처해 있을지라도 그들을 지키고 보호하는 목자의 놀라운 힘과 능력과 권세를 나타내 보여 주는 상징입니다.

다윗이 사망의 음침한 골짜기를 통과할 때 수많은 대적은 다윗의 생명을 끊임없이 노렸습니다. 다윗은 극심한 두려움과 깊은 외로움과 절망 속에서 괴로워하고 고통당할 수밖에 없었습니다. 그러나 다윗은 자신을 억누르고 있던 그 모든 두려움과 외로움과 절망을 극복하고 이렇게 담대하게 고백합니다.

[시 23:4] 내가 사망의 음침한 골짜기로 다닐지라도 해를 두려워하지 않을 것은 주께서 나와 함께 하심이라 주의 (당신의) 지팡이와 (당신의) 막대기가 나를 안위하시나이다

그렇다면 어떻게 다윗은 이렇게 확신에 차서 담대하게 고백할 수 있었습니까?

선한 목자이신 하나님께서 함께하시면서 그분의 막대기로 지켜 주시고 보호해 주셨기 때문입니다. 하나님의 놀라운 능력과 권세로 대적들을 물리

쳐 주셨기 때문입니다.

사랑하는 성도 여러분!

우리가 사망의 음침한 골짜기를 지나갈 때는 그 어느 때보다 하나님의 특별하신 보호하심을 더욱 필요로 합니다. 우는 사자와 같이 두루 다니면서 삼킬 자를 찾고 있는 사탄의 세력들은 호시탐탐 우리를 노리고 있습니다. 그래서 우리가 사망의 음침한 골짜기에서 믿음이 흔들리고 방황할 때, 그때를 하나님과의 관계를 깨뜨릴 수 있는 절호의 기회로 삼고 우리 영혼을 노략질하기 위해 맹수와 같이 덮칩니다.

그때 선한 목자이신 하나님께서는 그분의 막대기로, 그분의 놀라운 능력과 권세로 사탄의 모든 사악한 역사를 파하시고 깨뜨리시고 물리치십니다.

그러므로 우리가 사망의 음침한 골짜기를 지나갈 때 반드시 깨달아야 할 중요한 진리가 있습니다. 그것은 우리의 진정한 안위와 위로는 오직 하나님의 인도하심과 보호하심 속에서만 얻을 수 있다는 진리입니다. 어떤 상황 속에서도 우리의 참된 위로와 소망은 그분의 말씀을 통해서 우리를 진리 가운데로 인도하시는 하나님 한 분밖에 없다는 진리입니다. 인생의 모든 위기 속에서 우리를 보호하시고 지키시는 분은 오직 능력과 권세로 충만하신 하나님 한 분밖에 없다는 진리입니다.

하나님께서는 우리가 이 진리를 깊이 깨닫고 하나님과 올바른 관계를 맺고 더 깊고 친밀한 관계 속에서 사망의 음침한 골짜기를 당신과 함께 걸어가기를 간절히 원하십니다. 다윗은 인생을 살면서 사망의 음침한 골짜기를 통과할 때마다 이 진리를 온 마음과 온몸과 온 삶으로 뼈저리게 체험했습니다. 그래서 사망의 음침한 골짜기를 통과하면서 그의 유일한 안위와 위로는 선한 목자이신 하나님 한 분뿐이었기에 그는 시편 27편에서 이렇게 간절히 기도합니다.

> [시 27:9-10] 주의 얼굴을 내게서 숨기지 마시고 주의 종을 노하여 버리지 마소서 주는 나의 도움이 되셨나이다 나의 구원의 하나님이시여 나를 버리지 마시고 떠나지 마소서 내 부모는 나를 버렸으나 여호와는 나를 영접하시리이다

사랑하는 성도 여러분!

우리도 다윗처럼 우리의 참된 안위와 위로는 오직 선한 목자이신 하나님 한 분뿐임을 깊이 깨닫고 삽시다. 그래서 사망의 음침한 골짜기를 걸어갈 때도 영적 침체에 빠지지 말고 하나님을 가까이함으로 하나님과 더 밀접하고 친밀한 관계 속에서 삽시다. 그때 선한 목자이신 하나님께서는 우리와 함께 하시면서 그분의 지팡이로 인도하시고, 그분의 막대기로 보호하실 것입니다.

우리는 하나님의 인도하심과 보호하심을 깊이 경험하며 담대함과 평안함으로 그 골짜기를 통과하게 될 것입니다. 그리하여 우리는 하나님께서 인도하시는 저 높은 곳에 있는 푸른 초원으로 들어가 주님의 생명을 마음껏 풍성히 누리며 살게 될 것입니다. 우리는 이 땅에서뿐만 아니라 내세에서도 주님의 생명을 마음껏 풍성히 누리며 영원토록 복되게 살게 될 것입니다.

제8장
원수의 목전에서 상(床)을 차려 주시는 삶(시 23:5상)

> [시 23:5] 주께서 내 원수의 목전에서 내게 상을 차려 주시고 …

시편 23편에서 목자가 양을 대하는 모습은 선한 목자이신 주님께서 우리를 대하시는 모습과 너무 유사합니다. 시편 23편 5절에서 선한 목자는 이미 산꼭대기에 올라가 자신의 양 떼와 함께 즐겁게 지내고 있습니다. 그는 사망의 음침한 골짜기를 지나서 푸른 풀밭이 그림같이 펼쳐진 산꼭대기의 초원까지 양 떼를 인도하여 마음껏 푸른 풀을 뜯도록 합니다. 그런데 그 푸른 풀밭에서 양 떼가 목자가 제공하는 풍성한 잔칫상을 받기까지는 목자가 얼마나 많은 수고를 하며 준비해야 하는지 모릅니다.

목자는 이른 봄, 따스한 햇볕에 눈이 채 다 녹기도 전에 양 떼보다 앞서 음침한 골짜기를 지나 거칠고 험한 산지로 예비 답사를 떠납니다. 그는 다가오는 여름철에 자기 양 떼가 가장 유용하게 사용할 수 있도록 산꼭대기의 평평한 고원 지대에 있는 초원들을 아주 세심하게 살피면서 미리미리 준비합니다. 양 떼가 당도하여 안전하게 쉬면서 양식을 공급받을 수 있는 고원 지대의 평평한 초지와 넓은 바위가 있는 양지 바른 곳을 가리켜서 '메사'(mésa)라고 부릅니다.

목자가 산꼭대기에 도착하면 이곳은 낯선 땅이기에 신경 쓸 게 많습니다. 양 떼가 풀을 뜯을 '메사'를 발견해야 할 뿐만 아니라 주변에 독초가 있는지를 살핍니다. 그래서 만일 독초가 있으면 양 떼가 그곳을 피해 풀을 뜯게 하든지 아니면 독초들을 철저히 뽑아낼 조치를 취합니다. 그리고 가까운 곳에 물이 넉넉한 물웅덩이나 샘이 있는지 살피고, 그 근처를 깨끗이 정리해서 양 떼가 마음껏 깨끗한 물을 마실 수 있도록 준비합니다.

또한, 늑대, 살쾡이, 승냥이, 표범, 곰, 사자와 같은 맹수들의 흔적도 살펴보고, 불의의 습격에 철저히 대비합니다. 때로는 양 떼를 보호하기 위해 울타리를 만들기도 합니다. 목자는 땅속에 사는 누런 뱀, 까치 독사에게도 특별한 주의를 기울입니다. 까치 독사는 땅굴에 숨어 있다가 순식간에 튀어나와 양의 코를 물어뜯습니다.

그렇게 되면 물린 상처를 통해 금방 독이 양의 온몸에 퍼지게 되고, 심하면 죽는 예도 있습니다. 목자는 독사의 피해를 막기 위해 뱀이 숨어 있는 구멍 입구를 따라 둥글게 기름을 칠합니다. 그리고 양의 코에도 기름을 발라 줍니다. 굴 입구에 친 기름은 땅을 미끄럽게 만들어서 뱀이 솟구쳐 빠져나오지 못하도록 막아 줍니다. 또한, 양의 코에서 나는 기름 냄새는 뱀들을 멀리 쫓아내는 작용을 합니다.

이처럼 목자는 자기 양 떼를 위해 세밀하게 살피고 세심하게 돌봅니다. 양 떼가 안심하고 마음껏 즐길 수 있도록 잔칫상을 차려 줍니다. 목자는 호시탐탐 양 떼를 노리면서 결정적인 순간에 급습하는, 양 떼의 원수인 맹수들과 독사들의 목전에서 자기의 양 떼를 위해 축제의 잔치를 열어 마음껏 축제의 향연(饗宴)을 즐기도록 합니다.

이것이 바로 본문 5절에서 다윗이 고백하는 고백의 의미입니다.

> [시 23:5] 주께서 내 원수(들, my enemies)의 목전(目前)에서 내게 상(床)을 차려 주시고 …

우리도 다윗처럼 사망의 음침한 골짜기를 지난 후 선한 목자이신 주님께서 우리를 위해 준비해 두신 풍성한 축제의 자리에서 '잔칫상'을 맛보게 됩니다. 그런데 우리가 사망의 음침한 골짜기를 지나가다 보면 우리의 연약함과 부족함과 어리석음으로 인해 우리 마음의 간절한 소원과 결심과는 달리 자주 넘어지고 쓰러지게 되는 것을 경험하게 됩니다. 마치 닭 울기 전에 세 번씩이나 주님을 모른다고 부인했고, 또 저주하며 맹세하면서 주님을 부인했던 베드로처럼 우리도 절대로 어기지 않겠다는 맹세를 저버릴 때가 있습니다.

십자가를 지시기 전날 밤, 주님께서는 최후의 유월절 만찬 자리에서 베드로에게 경고하셨습니다.

> [눅 22:34] 베드로야 내가 네게 말하노니 오늘 닭 울기 전에 네가 세 번 나를 모른다고 부인하리라

그때 베드로는 자신만만하게 이렇게 장담했습니다.

> [눅 22:33] … 주여 내가 주와 함께 옥에도 죽는 데에도 가기를 각오하였나이다

이렇게 큰소리치며 장담했던 베드로였는데 몇 시간 지나지 않아 한 번도 아니고 세 번씩이나 거듭 주님을 부인했습니다. 세 번이나 부인한 것도 모자라 저주까지 퍼부으며 주님을 부인했습니다.

[마 26:74] 그가 저주하며 맹세하여 이르되 나는 그 사람을 알지 못하노라 하니 곧 닭이 울더라

그 순간 주님께서 베드로의 얼굴을 쳐다보셨고, 베드로는 견딜 수 없는 마음으로 밖으로 뛰쳐나가 대성통곡했습니다.

[눅 22:61-62] 주께서 돌이켜 베드로를 보시니 베드로가 주의 말씀 곧 오늘 닭 울기 전에 네가 세 번 나를 부인하리라 하심이 생각나서 밖에 나가서 심히 통곡하니라

베드로가 두 손으로 얼굴을 감싸 안고 대성통곡하는 소리가 적막 속에 잠겨 있는 예루살렘의 밤거리를 메아리치며 멀리멀리 울려 퍼져 나갑니다. 베드로는 갈기갈기 찢기고 상한 가슴을 감싸 안고 한동안 깊은 후회와 자책과 슬픔 속에 깊이 빠져 있었습니다. 그러다가 찢기고 상한 마음을 견디다 못해 이전에 자신의 터전이었던 갈릴리 바다로 물러갔습니다.

그리고 그 모든 실패를 훌훌 털어 버리기 위해 고기 잡는 일에 몰두했습니다. 그렇지만 베드로는 자신이 주님을 부인했다는 엄연한 사실을 잊어버릴 수가 없었습니다. 그 실패의 장면을 떨쳐 버릴 수가 없었습니다. 그렇게 하려고 애를 쓰면 쓸수록 오히려 주님을 부인한 것이 더 분명하게 떠올랐고, 실패의 장면이 더 생생하게 다가왔습니다.

부활하신 주님께서는 베드로에게 개인적으로 나타나셨고(고전 15:5), 또 동료들이 있는 자리에 두 번이나 나타나셨습니다. 그렇지만 베드로의 뇌리에는 그가 세 번이나 주님을 부인했던 장면과 저주까지 했던 수치스러운 모습을 결코 지울 수 없었습니다.

그 처절한 실패의 순간에 우렛소리처럼 그의 귀를 때렸던 수탉의 울음소리를 결코 잊을 수 없었습니다. 주님께서 부활하셨고, 그가 있는 곳에 세 번씩이나 나타나셨지만(고전 15:5; 요 20:24, 26), 베드로는 후회와 자책과 수치심에서 괴로워하고, 또 괴로워하면서 깊은 회의에 빠져 있었습니다.

"내가 그렇게 치욕스럽게 주님을 부인하고 저주했는데 그런 부끄러운 모습을 다 보시고 아시는 주님께서 나 같은 놈을 다시 그분의 제자로 인정해 주시겠어?

나 같은 인간을 다시 사용하시겠어?

도저히 그렇게 하지 않으실 거야."

사랑하는 성도 여러분!

우리도 베드로와 같이 이런 마음에 사로잡힐 때가 한두 번이 아닙니다. 절대로 어기지 않겠다고 주님께 맹세하고, 또 맹세한 우리의 맹세를 저버릴 때가 있습니다.

"다시는 몸과 마음의 순결함을 잃지 않겠습니다."

"지금부터는 정말 제 입에 파수꾼을 세우고 제 혀에 재갈을 물려놓겠습니다."

"이제 다시는 술을 마시지 않겠습니다."

"다시는 담배를 입에 대지 않겠습니다."

"이번 일로 진짜 많이 배웠습니다. 이제 더 이상 떳떳지 못한 짓을 하지 않겠습니다."

그렇게 호언장담(好言壯談)했는데, 창피하고 부끄럽게도 얼마 못 가 그 맹세를 깨뜨립니다. 유혹이 닥쳐오면 힘 한번 제대로 써 보지도 못하고 무너져 버립니다. 이러쿵저러쿵, 사람들이 누군가를 헐뜯으면 무시하여 지나가지 못하고 얼른 끼어들어 한몫 거듭니다. 진실을 굳게 지키기보다 모호한 태도로 진실을 흐려버립니다. 다시 술을 마시게 되고, 다시 담배를 입에 대게 됩니다. 보는 사람이 없으면 남몰래 떳떳지 못한 짓을 행합니다.

그러다가 우리 양심에 수탉 소리가 들려오고 죄책감이 우리 양심을 찌르게 됩니다. 그러면 우리는 베드로처럼 후회와 자책과 수치심으로 괴로워하게 됩니다. 그리고 심해지면 회의와 영적 침체의 수렁 속에 깊이 빠져 들어가게 됩니다. 그리고 원수들이 우리를 조롱하고 조소하는 소리를 듣게 됩니다. 원수 마귀와 대적자들이 속삭이는 참소 소리가 우리 양심을 짓누르게 됩니다.

"주님께서 나 같은 인간도 다시 받아 주시겠어?
나 같은 놈도 다시 사용하시겠어?
도저히 그렇게 하지 않으실 거야?
이제는 다 끝났어!
끝장이야!"

그런 원수들의 조소와 참소 소리로 인해 심한 양심의 가책과 영적 침체로 우리가 고통당할 때 선한 목자이신 주님께서 우리를 위해 하시는 일이 있습니다. 그것은 넘치는 은혜를 베푸셔서 원수들의 목전에서 우리에게 상을 차려 주시는 것입니다. 실패한 우리를 회복시키시고 원수들 앞에서 잔칫상을 준비하시는 일입니다.

[시 23:5] 주께서 내 원수(들, my enemies)의 목전(目前)에서 내게 상(床, table)을 차려 주시고 …

여기서 "상"(床)이라는 단어(슐르한)는 손님을 식사에 초대하여 음식을 대접할 때 사용하는 '식탁'(table)을 가리킵니다. 또한, "차려 주신다"라는 단어(아락크)는 '배열하다'라는 뜻으로 '손님을 대접하기 위하여 귀한 음식들을 식탁에 잘 차려 놓는 것'을 의미합니다. 따라서, "상(床)을 차려 주신다"라는 것은 '잔칫상을 베풀어 주신다'라는 뜻입니다.

북한(조선기독교연맹)에서 번역한 성경에는 시편 23편 5절이 이렇게 표기되어 있습니다.

원쑤를 보라는 듯
상을 차려 주시고
기름 부어 내 머리에 발라 주시니
내 잔이 넘치옵니다

선한 목자이신 주님께서는 자신의 범죄와 잘못과 실수로 인하여 양심을 짓누르는 가책과 후회와 수치심으로 괴로워하며 깊은 회의 속에 빠져 있던 베드로를 찾아가셨습니다. 갈릴리 바다에서 밤을 꼬박 새우고 고기를 잡았지만 한 마리도 잡지 못하여 자신의 상하고 초라한 모습을 다시 보게 된 베드로를 찾아가셔서 추위와 배고픔에 떨고 있었던 베드로를 위해 해변에 숯불을 피워 놓으시고, 숯불 위에다 떡과 생선을 구우시면서 손수 아침상을 준비해 놓고 계셨습니다.

원수 마귀는 베드로가 힘 한번 제대로 써 보지 못하도록 한순간에 무너뜨렸습니다. 그를 한 손아귀에 넣고 밀 까부르듯 농락해 버렸습니다. 주님께서는 그렇게 처참하게 실패했던 베드로를 위해 원수 마귀의 악한 권세를 십자가와 부활로 여지없이 깨뜨려 버리셨습니다. 그리고 이제 해변에다 베드로를 위해 숯불을 피워 놓으셨습니다.

그리고는 실패한 베드로를 다른 제자들이 보는 앞에서 공개적으로 초대교회의 영적 지도자로 회복시켜 주시기 위해 따뜻한 불가에 앉히신 후 떡을 떼어 주시고 구운 생선을 주셨습니다. 그 순간 베드로의 마음속에는 주님의 큰 사랑과 한없는 은혜에 대한 진한 감동과 가슴 벅찬 감격으로 가득 찼습니다.

원수 마귀로부터 맥없이 '밀 까부르듯' 농락당했던 베드로가 이제 가슴 벅찬 감동으로 주님께서 손수 준비하신 떡을 받아먹고 구운 생선을 받아먹고 있는 것입니다. 선한 목자이신 주님께서는 베드로를 그처럼 처참하게 했던 원수 마귀와 그의 세력들이 지켜보는 앞에서 '원수의 목전'에서 상을 베푸셨습니다. "원수들이 보라는 듯"이 잔칫상을 차려 주셨습니다.

이것이 선한 목자이신 주님께서 사망의 음침한 골짜기를 지나가면서 넘어진 우리를 대하는 모습입니다. 후회와 자책과 수치심으로 짓눌려 있고, 게다가 원수 마귀의 참소로 인해 괴로워하며 깊은 회의와 절망과 영적 침체의 수렁 속에 빠진 우리를 회복시켜 주시고 우리를 위하여 '원수의 목전에서 상(床)'을 차려 주시는 것입니다.

중동을 포함하여 동양 문화권에서는 한 상(床)에서 함께 식사한다는 것은 식사하는 사람들의 '형제 됨'과 '가족으로서의 친밀한 교제'를 의미했습니다. 2천 년 전, 예수님 당시 유대 사회 역시 그러했습니다. 예수님께서 서기관과 바리새인들로부터 끊임없이 비난받으신 주요한 이유 가운데 하나는 세리와 죄인들과 함께 먹고 마시면서 식탁 교제를 나눈다는 점이었습니다. 그래서 그들은 예수님을 "세리와 죄인의 친구"라고 비난했습니다 (마 11:19; 눅 7:34).

> [눅 5:30] 바리새인과 그들의 서기관들이 그 제자들을 비방하여 이르되 **너희가 어찌하여 세리와 죄인과 함께 먹고 마시느냐**

이런 서기관과 바리새인들의 혹독한 비난에도 불구하고 예수님은 전혀 개의치 않으시고 계속해서 세리와 죄인들과 함께 먹고 마시었습니다. 그리고 비난하는 그들에게 이렇게 대답하셨습니다.

> [눅 5:31-32] 예수께서 대답하여 이르시되 건강한 자에게는 의사가 쓸 데 없고 **병든 자에게라야 쓸 데 있나니 내가 의인을 부르러 온 것이 아니요 죄인을 불러 회개시키러 왔노라**

예수님께서 세리와 죄인들과 함께 식사하신 것은 그들을 하나님 앞으로 불러 회개시켜서 하나님과 바른 관계를 맺고 구원을 얻도록 하기 위해서였습니다. 그리하여 예수님과 식사를 함께 했던 죄인들 가운데 많은 사람이 자신의 죄를 회개하고 예수 그리스도를 '메시아'로 믿게 되었고, 예수님과 영적 형제가 되었습니다. 그리고 하나님의 가족으로서 예수님과 더불어 친밀한 교제를 나누게 되었습니다.

지구촌교회 이동원 원로 목사님이 미국 기독실업인회 회장이셨던 장로님의 후원으로 미국 기독교 대학에 유학을 갔습니다. 기숙사 룸메이트가 예수 믿는 유대인 형제였습니다. 이동원 목사님은 그 형제를 여러 번 한국 식당으로 데리고 가서 음식을 대접했습니다. 그런데 그 형제는 한 번도 이동원 목사님을 유대인 식당으로 데리고 가지 않았습니다. 그 형제의 그런 모습을 보면서 이동원 목사님은 속으로 '이 형제, 『베니스의 상인』에 나오는 유대인처럼 참 수전노구나'라는 생각을 했습니다.

그러던 어느 날 그 형제가 드디어 이동원 목사님을 유대인 식당으로 초대했습니다. 그리고 음식을 대접하면서 이렇게 말했습니다.

"형제여!

오늘부터 당신은 내 친굽니다."

그 말을 듣고 이동원 목사님은 깜짝 놀라며 반문했습니다.

"아니, 당신은 이미 내 친군데, 오늘 새삼스럽게 내 친구라고 말합니까?"

그랬더니 유대인 형제가 정색하고 이렇게 말했습니다.

"우리 유대인들은 '이 사람이 정말 내 친구야'라는 생각이 들 때 비로소 식사 자리에 초대하여 함께 음식을 나눕니다."

그 친구의 이야기를 듣는 순간 이동원 목사님은 요한계시록 3장 20절의 주님 말씀이 생각나면서 그 말씀이 가슴에 깊이 부딪혀 왔다고 합니다.

[계 3:20] 볼지어다 내가 문 밖에 서서 두드리노니 **누구든지 내 음성을 듣고 문을 열면 내가 그에게로 들어가 그와 더불어 먹고 그는 나와 더불어 먹으리라**

이렇게 주님을 떠난 자들이 주님의 음성을 듣고 자신의 마음 문을 열고 회개하고 주님과 올바른 관계를 회복합니다. 그러면 주님께서는 그들 안에 들어가셔서 그분의 형제 됨을 확인해 주시고, 하나님의 가족으로서 그들과 더불어 먹고 마시면서 친밀한 교제를 나누십니다. 이것이 원수들의 목전에서 상을 차려 주시는 선한 목자이신 주님의 풍성한 은혜와 사랑입니다.

시편 23편을 기록한 다윗 역시 일생을 살면서 '원수의 목전에서 상을' 차려 주시는 하나님의 풍성한 은혜와 사랑을 깊이 체험한 적이 한두 번이 아니었습니다. 다윗은 일평생 동안 수많은 대적과 원수로부터 괴롭힘을 당했습니다. 그런데 하나님께서는 때를 따라 돕는 은혜를 허락하셔서 원수들 앞에서 보란 듯이 승리의 잔칫상을 베풀어 주셨습니다.

그뿐만이 아닙니다. 다윗은 우리아의 아내 밧세바를 범하고, 충직한 신하 우리아를 죽이는 끔찍한 죄를 범한 후 그 영혼이 오랫동안 칠흑같이 어두운 밤길을 헤매고 있었습니다. 그런 비참한 다윗을 바라보며 수많은 원수와 대적은 참소하며 그를 집요하게 공격했습니다. 그런데 하나님께서는 다윗의 그런 끔찍한 죄들을 말갛게 씻어 주셨습니다. 그의 모든 허물을 사해 주시고 모든 죄를 가려 주심으로 진정으로 복된 자가 되게 하셨습니다. 그래서 다윗은 감격에 넘쳐 고백합니다.

[시 32:1] **허물의 사함을 받고 자신의 죄가 가려진 자는 복이 있도다**

하나님께서는 여기서 그치지 않으셨습니다. 원수들이 더 이상 참소하거나 공격할 수 없도록 원수들의 목전에서 보란 듯이 사죄와 용서의 잔칫상, 회복과 은혜의 잔칫상을 차려 주셨습니다. 그래서 다윗은 그 잔칫상 앞에서 가슴 벅찬 감격과 진한 감동으로 이렇게 고백하는 것입니다.

[시 23:5] 주께서 내 원수(들)의 목전(目前)에서 내게 상(床, table)을 차려 주시고 …

베드로 역시 같은 고백을 합니다.

"주께서 내 원수들의 목전에서 내게 상(床, table)을 차려 주시고 … ."

다윗을 위해 잔칫상을 차려 주시고, 베드로를 위해 아침상을 준비하신 주님께서는 우리를 위해서도 똑같은 자리를 마련해 놓으셨습니다. 우리의 죄악과 잘못과 실수를 지적하며 끊임없이 우리를 비난하고 참소하는 원수 마귀 앞에서 당신과의 회복된 관계의 명백한 증거로서 보란 듯이 잔칫상을 차려 주셨습니다.

그리하여 우리 마음속에서 꺼져 가던 믿음과 소망과 헌신과 열정의 불꽃들을 다시 살려 주셨습니다. 그래서 우리를 사망의 음침한 골짜기를 벗어나 주님께서 잔칫상을 준비하신 저 높은 곳에 있는 하나님의 푸른 초원인 '메사'로 인도하셔서 주님 자신으로 인하여 기뻐하게 하셨습니다. 그리고 새로운 마음과 믿음과 헌신과 열정으로 다시 주님을 섬기게 하셨습니다.

지구촌교회 이동원 원로 목사님이 쓴 책에 보면 이런 이야기가 나옵니다. 이 목사님이 예수 믿고 난 지 10년이 가까웠던 어느 날, 자신의 모습을 보면서 갑자기 신앙에 깊은 회의가 생겼습니다. 자신이 끊지 못한 죄, 끊지 못한 습관, 아직도 고민하고 갈등하는 자신의 부족한 모습을 보면서 '네가 이러고도 예수 믿는 사람이냐'라는 생각이 들었습니다.

그러자 갑자기 신앙의 진실성이 의심되기 시작했고, 그러다 보니 걷잡을 수가 없었습니다. 깊은 회의의 수렁 속에 계속 빠져 들어갔고 거기서 헤어나질 못했습니다. 결국, 서너 달 동안 교회를 나가지 않았습니다. 그런데 어느 날 로이드 존스 목사님이 쓰신 신앙 서적을 보면서 선한 목자이신 주님께서 자신을 위하여 상을 차려 놓으시고 자신을 부르시는 음성을 듣게 되었습니다.

로이드 존스 목사님은 그 책에서 이런 설명을 했습니다.

> 신앙생활은 저 높은 산의 정상을 향해서 올라가는 등산과 같습니다. 그런데 이 등산하는 여정(旅程)에 있어서 등산하는 사람이 산 아래에서 출발한 지 얼마 되지 않아 넘어질 수도 있지만, 산 정상에 거의 도달한 지점에서도 넘어질 수 있습니다. 그리고 방금 출발해서 넘어질 때나 3분의 2 지점에 와서 넘어질 때나 그 넘어지는 모습은 아주 똑같습니다. 코가 깨지고 피를 흘리면서 넘어져 있는 모습은 똑같습니다.

그런데 바로 다음 구절이 이동원 목사님의 눈을 갑자기 확 열어 주었습니다.

> 그러나 다른 것이 있습니다. 일어서면 달라집니다. 다시 말하면, 3분의 2 혹은 4분의 3 지점에 넘어진 사람이 다시 일어설 때 그는 저 아래에서부터 다시 출발하는 것이 아닙니다. 일어선 그 지점에서부터 그는 다시 저 높은 곳을 향해서 오르면 됩니다. 일어서면 달라집니다. 지금까지 영적 성숙을 위해서 투자한 모든 것과 경험한 모든 것, 하나님과 함께 걸어온 그 모든 삶의 길이 결코 헛되고 무익한 것이 아닙니다.

이 부분을 읽으면서 이동원 목사님은 얼마나 깊이 감동했는지 모릅니다. 그렇게 결심하고 결단해도 자주 넘어지고 자빠지는 자신의 모습을 보면서 자신은 소망이 없다고 생각했습니다. 절대로 그렇게 살지는 않겠다고 맹세하고, 또 맹세했지만, 그 모든 맹세가 아무 소용이 없다고 생각했습니다. '이럴 바엔 뭣 하러 교회를 다니냐'라고 생각했습니다. 이제까지 쌓은 공든 탑이 다 무너진 것 같았습니다.

그런데 로이드 존스 목사님의 책을 읽으면서 선한 목자이신 주님의 음성을 듣게 되었습니다. 자기를 위해 원수의 목전에서 상을 차려 놓으시고 기다리시는 긍휼이 풍성하신 주님의 모습을 보게 되었습니다. 그래서 넘어진 사망의 음침한 골짜기에서 힘들지만, 다시 벌떡 일어났습니다. 산꼭대기에 있는 하나님의 '메사'에서 풍성한 잔칫상을 베풀어 놓고 기다리시는 선한 목자이신 주님을 다시 바라보기 시작했습니다. 그리고 저 높은 곳을 향해 다시 힘차게 출발했습니다.

성경은 잠언 26장 14절에서 이렇게 말씀하십니다.

> [잠 24:16] 대저 의인은 일곱 번 넘어질지라도 다시 일어나려니와 악인은 재앙으로 말미암아 엎드러지느니라

사랑하는 성도 여러분!

그렇게 각오하고 결심해도 아직도 끊지 못한 죄와 버리지 못하는 악한 습관과 변화되지 않는 자신의 모습을 보면서 후회와 자책과 수치심 속에서 괴로워하고 고통당하는 분이 계십니까?

"네가 그러고도 예수 믿는 사람이냐?

그러고도 뻔뻔하게 하나님께 예배드리는 거룩한 자리에 앉아 있느냐? 이런 위선자 같으니라고!"라고 조롱하고 조소하는 원수들의 소리가 들리십니까?

이렇게 원수가 우리를 조롱하고 조소할 때, 원수 마귀와 악한 대적자들의 참소 소리가 우리를 짓누를 때, 그래서 낙심하고 좌절된 상태로 일어나지 못하고 넘어져 있을 때, 선한 목자이신 주님께서는 우리에게 다가오십니다. 그분의 은혜의 손으로 우리를 붙잡아 일으켜 주십니다. 그리고 주님께서 준비해 놓으신 은혜의 잔칫상 앞으로 우리를 초대하십니다.

그러므로 하나님의 푸른 초원인 '메사'에 풍성한 잔칫상을 차려 놓으시고 우리를 초대하시는 선한 목자이신 주님께서 내미시는 은혜의 손을 꼭 붙잡읍시다. 넘어진 자리에서 다시 벌떡 일어납시다. 주님과 올바르고 친밀한 관계를 다시 회복합시다.

그리고 주님께서 인도하시는 하나님이 친히 준비하신 초원인 '메사'로 나아가 풍성한 은혜의 향연(饗宴)을 마음껏 즐깁시다. 우리를 대적하고 참소하는 원수들의 목전에서 '잔칫상'을 차려 주시는 하나님의 풍성한 은혜와 사랑을 원수들이 보란 듯이 마음껏 즐깁시다.

이처럼 하나님께서는 우리의 실패와 승리와 상관없이, 허물과 죄와 관계없이 한결같은 사랑과 은혜로 우리를 하나님의 잔칫상으로 부르십니다. 그 잔칫상에서 하나님과의 관계를 새롭게 하시고 은혜의 식탁을 마음껏 즐기게 하십니다. 우리는 그 은혜의 식탁에서 하나님 자녀답게 살 수 있는 생명의 풍성함과 교제의 축복을 깊이 경험하게 됩니다. 그리하여 우리를 조롱하고 조소하고 참소하는 원수들을 향하여 큰 소리로 이렇게 소리치게 됩니다.

원수들이 보라는 듯이 잔칫상을 차려 주시고 기름 부어 내 머리에 발라 주시니 내 잔이 넘치옵니다.

제9장
내 잔이 넘치는 삶 (시 23:5하)

> [시 23:5] … 기름을 내 머리에 부으셨으니 내 잔이 넘치나이다

다윗은 시편 23편에서 자신이 일생을 살면서 경험한 하나님의 은혜와 축복을 이렇게 한마디로 표현합니다.

> [시 23:5하] … 내 잔이 넘치나이다

여기서 "넘치다"라는 단어(레와야)는 단순히 채워지는 상태가 아닙니다. 포화 상태가 되어 넘쳐흐르는 상태를 의미합니다(NIV: overflows). 잔에 포도주가 가득 차서 흘러넘칩니다. 포도주는 잔의 테두리까지 가득 차오르고, 밖으로 흘러넘칩니다. 다윗은 자신의 인생 여정(旅程)을 회고하면서 하나님께서 은혜와 축복을 붓고 또 부으셔서 차고 넘친다고 고백합니다.

그런데 다윗이 이렇게 "내 잔이 넘치나이다"라고 고백할 수 있는 것은 그가 살아온 인생이 평탄하고 문제없고 형통했기 때문이 아닙니다. 다윗은 인생을 살면서 무수한 사망의 음침한 골짜기를 통과해야만 했습니다. 각처에서 수많은 대적이 일어나 다윗을 공격했습니다. 원수들이 그의 곁에서 호시탐탐 노리고 있었습니다. 다윗은 생애 대부분을 거의 전쟁터에서 살아야만 했습니다.

그뿐만이 아닙니다. 다윗은 사랑하는 가족들로부터도 소외된 이방인이었습니다. 아버지와 형들로부터 무시당하고, 결혼한 후에는 본부인인 아내 미갈에게 업신여김을 당했습니다. 또한, 장인은 10년이 넘는 긴 기간 동안 그를 죽이려고 눈에 불을 켰습니다. 그리고 배다른 아들들은 아버지의 목전에서 서로 죽이고 죽는, 피 터지는 처참한 살육을 했습니다.

심지어 사랑하는 아들 압살롬은 아버지의 왕좌를 찬탈하려고 반역을 일으킨 후 백주(白晝), 대낮에 아버지의 후궁들을 백성들이 보는 앞에서 겁탈까지 했습니다. 그리고 아버지를 죽이려는 패역까지 거침없이 저질렀습니다. 이런 파란만장(波瀾萬丈)한 인생을 살았던 다윗임에도 그는 지나온 자신의 일생을 돌이켜 보면서 "내 잔이 넘치나이다"라고 감격에 넘쳐 고백합니다.

사랑하는 성도 여러분!

오늘 우리도 같은 고백을 할 수 있습니까?

"하나님, 내 잔이 넘치나이다."

그렇다면 다윗이 이런 복된 고백을 할 수 있었던 이유가 무엇입니까?

하나님께서 고통의 긴 세월 동안에도 다윗에게 차고 넘치는 은혜를 아낌없이 부어 주셨기 때문입니다. 다윗은 차고 넘치게 부어 주신 하나님의 은혜로 인하여 인생의 모든 위기를 극복하고 결국 승리할 수 있었기에 감격에 넘쳐 고백하는 것입니다.

> [시 23:4-5] 내가 **사망의 음침한 골짜기로 다닐지라도 해를 두려워하지 않을 것은 주께서 나와 함께 하심이라** 주의 지팡이와 막대기가 나를 안위하시나이다 주께서 내 원수(들)의 목전에서 내게 상을 차려 주시고 기름을 내 머리에 부으셨으니 내 잔이 넘치나이다

다윗이 "내 잔이 넘치나이다"라고 감격에 넘쳐 고백하는 주요한 이유는 하나님께서 원수들의 목전에서 잔칫상을 차려 주셨고, 또 기름을 그의 머리에 부어 주셨기 때문입니다.

> [시 23:5 하 (히브리어 원문)] … (당신께서) **기름을 (가지고) 내 머리에 (가득) 부으셨으니 내 잔이 넘치나이다** (NIV: You anoint my head with oil; my cup overflows)

이 고백은 다윗이 목동 생활에서 직접 체험했던 산 경험으로부터 나오는 살아 있는 고백입니다. 목자가 양들에게 기름을 발라 주는 몇 가지 이유가 있습니다.

1. 해충들과 피부병으로부터 양들을 보호하기 위해서입니다

팔레스타인의 목자들은 여름철이 되면 자기 양 떼를 몰고 먼 곳에 있는 높은 산 위의 초원으로 올라갑니다. 그곳에는 양 떼가 여름 한철 동안 배부

르게 먹을 수 있는 푸른 풀들로 가득 차 있습니다. 그런데 산꼭대기에 있는 초원에는 푸른 풀이 가득 차 있지만, 계절적인 영향으로 인해 양 떼는 그 어느 때보다도 어려움을 당합니다.

여름철은 양들을 괴롭히는 해충들이 극성을 부리기에 양들에게 있어서 가장 괴로운 계절입니다. 양들을 괴롭히고 생명을 위협하는 해충으로는 파리, 모기, 각다귀, 옴 등이 있습니다. 이런 해충들이 들끓는 여름은 가축들에겐 '고문의 계절'이 될 수밖에 없습니다.

목동 출신인 필립 켈러(W. Phillip Keller)는 『양과 목자』(*A Shepherd Looks At Psalms 23*)에서 여름철에 양들을 괴롭히고 그들의 삶을 비참하게 만드는 다양한 종류의 해충을 소개합니다. 그런 해충들로는 '쇠파리, 말파리, 발뒤꿈치 파리, 코 파리, 사슴 파리, 진드기, 등에, 모기, 각다귀, 그 밖의 날개 달린 작은 해충들'이 있습니다.

이런 해충들의 공격은 양들을 거의 미치게 만듭니다. 양은 특히 코 파리에 의해서 심한 고통을 당합니다. 이 작은 파리는 양의 코에 덮여 있는 축축하고 끈끈한 점막에 알을 낳으려고 기회를 노리느라 양의 주위를 윙윙거리며 귀찮게 합니다.

코 파리가 양의 콧속에 있는 부드러운 점막에 알을 낳는 데 성공하고 그 알이 부화하여 구더기 비슷한 유충으로 자랍니다. 그러면 그 유충은 콧구멍을 통해 양의 머릿속까지 파고 들어가 각종 질병을 일으킵니다. 그렇게 되면 고통스러운 양은 미쳐 날뛰게 됩니다. 양은 근질거리고 괴롭고 성가신 느낌을 떨쳐 내기 위해 자기 머리로 나무나 바위, 덤불을 가리지 않고 사정없이 들이받습니다.

또 머리를 땅에다 대고 문지르다가 나무숲으로 들어가 데굴데굴 구릅니다. 감염이 심한 경우, 잠시나마 근지러움을 피해 보려고 미친 듯이 애쓰다가 결국에는 목숨을 잃게 되는 극단적인 경우도 있습니다. 이 코 파리의 유충에 감염된 후 시간이 오래 지나면 양들의 눈이 머는 경우가 종종 있습니다. 이런 코 파리들이 양들 위로 날아다니면 양들은 겁에 질려 발광하게 됩니다.

양들은 코 파리를 피하고자 필사적인 노력을 기울입니다. 괴상망측하게 발을 구르고, 또 풀밭을 이리저리 뛰어다니기에 완전히 기진맥진한 상태가 됩니다. 몇 시간 동안 머리를 치켜들었다 내리기를 반복합니다. 가시덤불이든지 숲이든지 피할만한 곳이 있으면 마구 파고 들어가서 숨습니다. 풀을 뜯을 생각을 하지 않고 잠을 이루지 못합니다. 어미 양은 젖을 내지 않기에 새끼들은 제대로 자라지 못하게 됩니다. 코 파리가 불과 몇 마리만 있어도 양 떼는 큰 혼란에 빠지고 심하면 몰사하기까지 합니다.

이런 까닭에 목자는 양들에게 기름을 발라 줍니다. 특별히 팔레스타인의 목자들은 유황과 여러 가지 향료를 섞은 올리브 기름(감람유)을 가지고 다니다가 양의 코나 귀, 목에 발라 줍니다. 무엇보다 머리에 계속 발라 줍니다. 이때 사용되는 올리브 기름은 양들의 상처를 치유하며 더 이상 코 파리를 비롯한 해충들의 공격을 받지 않도록 양들을 보호하는 역할을 합니다.

기름을 양들의 머리에 발라 주고 나면 즉시 양들의 행동에 변화가 일어납니다. 괴로워하는 일이 사라지고 소동이 사라집니다. 동요하고 불안해하는 기색이 일순간에 사라집니다. 양들은 다시 조용히 풀을 뜯기 시작하고 만족해하면서 평안히 누워 쉬게 됩니다.

여름철에 양들을 괴롭히는 것은 코 파리를 비롯한 해충들만이 아닙니다. '옴'이라는 악질 피부병도 양들에게 있어서 흔한 여름철 질병입니다. '옴'

은 양들을 견딜 수 없이 괴롭게 만들고, 또 전염성도 매우 강한 질병입니다. 따뜻한 날씨에 번식하게 되는 극히 미세한 기생충으로 인해 발생하는 '옴'은 양들 간의 직접적인 접촉을 통해 모든 양 떼에게 번져 나갑니다. 양들은 애정과 사랑의 표시로 서로 머리를 비벼대는 것을 좋아합니다.

그런데 '옴'은 주로 머리 부분에서 자주 발견됩니다. 그러기에 양들이 서로 머리를 비벼대면 감염성이 강한 '옴'은 이른 시간에 모든 양 떼에게 퍼지게 됩니다. 팔레스타인 지역에서 사용되었던 '옴'에 대한 가장 좋은 치료제는 코 파리를 비롯한 해충의 치료제와 마찬가지로 유황과 여러 가지 향료를 섞은 올리브 기름이었습니다. '옴'에 의해 고통당하는 양들의 머리에 기름을 발라 주면 그 피부병은 깨끗이 치료됩니다.

그러기에 목자는 코 파리를 비롯한 해충들이나 '옴'과 같은 악질 피부병으로 고통당하는 양들을 치료해 주기 위해 그들의 머리에 기름을 발라 줍니다. 이렇게 목자가 머리에 기름을 발라 주었기에 양들은 해충들이 들끓는 여름철이지만 잘 넘기게 되고 잘 극복하게 됩니다.

이처럼 양들을 괴롭히고 위험에 빠뜨리고 목숨을 노리는 원수들은 늑대, 들개, 승냥이, 살쾡이, 표범, 곰, 사자, 독사 등과 같은 맹수들만이 아닙니다. 쇠파리, 말파리, 코 파리, 진드기, 모기, 옴과 같은 극히 작은 해충들도 얼마나 양들을 괴롭히면서 원수 노릇을 하는지 모릅니다.

우리 역시 그러합니다. 우는 사자 같이 두루 다니며 삼킬 자를 찾고 있는 마귀의 강력한 공격과 엄청난 유혹과 미혹만이 우리의 강력한 원수가 아닙니다. 오히려 해충들처럼 일상적으로 마주치는 염려, 근심, 불안, 두려움, 좌절, 사소한 충돌과 갈등, 거절, 외로움, 소외감 등의 영적 해충들도 얼마나 우리에게 원수 노릇을 하는지 모릅니다.

그런 영적 해충들의 공격을 그냥 내버려두면 우리도 양들처럼 괴로워하게 되고, 상태가 악화되면 우리 영과 마음과 몸에 치명적인 손상을 입게 됩니다. 그러기에 선한 목자이신 하나님께서는 목자가 기름을 부어 양들을 해충들과 피부병으로부터 보호하는 것처럼 성령의 기름을 부으셔서 영적 해충들과 영적 피부병으로부터 우리를 보호해 주십니다.

그러므로 우리는 성령의 기름을 충만히 부어 주시도록 늘 하나님께 간구하고, 죄를 회개하며, 하나님께 순종해야 합니다. 왜냐하면, 하나님께서는 구하는 자에게 성령을 주시고(눅 11:13), 죄를 회개하는 자에게 성령의 선물을 주시며(행 2:38), 순종하는 자에게 성령을 주시기 때문입니다(행 5:32).

2. 서로 싸우지 않고 화목하게 지내도록 하기 위해서입니다

가을이 되면 양들의 몸에 민감한 변화가 일어납니다. 가을은 암양이 발정하는 시기이고 짝을 짓는 시기입니다. 숫양들 사이에는 암양들을 차지하기 위한 큰 싸움이 벌어집니다. 양은 일 년 내내 조용하고 온순한 동물이지만, 짝짓기 철이 되면 만사가 달라집니다. 숫양들은 뿔을 난폭하게 휘둘러 대며 목초지를 휩쓸고 다닙니다. 그리고는 자신의 마음에 드는 암양을 차지하기 위해 서로 머리와 몸통을 부딪치면서 격렬한 싸움을 벌입니다.

만약 목자가 그 싸움을 제지하지 않으면 실제로 죽거나 중상을 당하는 양들이 나타납니다. 목자는 양들이 싸우지 않도록, 혹시 싸워도 다치지 않도록 기름을 발라 줍니다. 미끄러운 기름을 코와 머리에 발라서 문질러 주면 숫양들은 서로 싸우면서 머리를 냅다 부딪칠 때 미끄러져서 빗나가게 됩니다.

그래서 숫양들은 몇 번 더 부딪쳐 보다가 결국은 싸움을 단념한 채 멍청히 그 자리에 서 있을 수밖에 없습니다. 목자가 숫양들에게 기름을 발라 주었기에 긴장과 싸움은 그치게 되고, 피해도 거의 없게 됩니다. 양들에게 발라 준 기름으로 인해 양들은 서로 싸우지 않고 화목하게 지내게 되는 것입니다.

선한 목자이신 하나님께서는 양인 우리에게도 그렇게 하십니다.

하나님의 양인 우리가 서로 갈등하고 분쟁하고 다투는 이유가 무엇입니까? 왜 화목하지 못합니까?

여러 가지 요인이 있지만, 가장 중요한 요인은 우리가 성령 충만하지 못하기 때문입니다. 기계에 기름을 치지 않으면 빡빡해서 삐걱거리는 소리만 나고 작동이 잘되지 않습니다. 그러나 기름을 치고 윤활유를 넣으면 삐걱거리는 소리가 사라지고 작동이 잘됩니다. 우리 역시 그러합니다. 성령 충만하여 우리에게 성령의 기름 부으심이 있으면, 인간관계 속에서 갈등과 분쟁과 다툼을 극복하고 서로 화목하게 됩니다. 그래서 성경은 말씀하십니다.

[엡 4:3] 평안의 매는 줄로 성령이 하나 되게 하신 것을 힘써 지키라

3. 양들의 상처를 치유하기 위해서입니다

목자는 자기 양들이 다치거나 상처 입지 않도록 늘 신경을 곤두세우면서 정성을 다하여 양들을 극진히 돌봅니다. 그런데도 양들이 다치고 상처를 입는 경우가 생깁니다. 바로 그때 목자는 양들에게 올리브 기름을 발라 줍

니다. 목자가 치료해 주어야 하는 상처들 대부분은 양들이 초원에 살다 보면 어쩔 수 없이 생기는 것들입니다. 가시덤불에 찔리기도 하고, 날카로운 바위 모서리에 베이기도 합니다. 나무에 머리를 너무 세게 비비다가 생기는 상처도 있습니다.

특히, 가파르고 거친 길을 지나가든지, 사망의 음침한 골짜기를 통과하다 보면 양들은 더 많이 다치고 더 많이 상처를 입습니다. 따라서, 목자는 날마다 양들이 어디 베이거나 까진 데는 없는지, 다친 데는 없는지 자세히 살펴봅니다. 그리고 베이거나 까지거나 다친 자리가 있으면 기름을 발라 치료해 줍니다.

선한 목자이신 하나님께서는 그분의 양인 다윗에게도 그렇게 하셨습니다. 다윗은 일평생 동안 수많은 상처를 받고, 극심한 아픔을 겪으며 살았습니다. 그는 어릴 때부터 외톨이로 외로움과 쓸쓸함을 느끼며 살았습니다. 인간적으로 볼 때 다윗은 참 불행한 인생을 살았습니다. 그는 부모의 따뜻한 사랑이 가장 필요한 시기인 어린 시절에 사랑은커녕 오히려 부모로부터 거절당하며 살았습니다.

아버지 이새는 형들은 귀하게 여겼지만, 막둥이인 다윗은 천하게 여겼습니다. 다윗은 어릴 때부터 베들레헴 들판에서 홀로 외톨이가 되어 외롭고 쓸쓸하게 양을 치면서 잊혀진 존재로 살아야만 했습니다. 다윗이 양을 치며 살았던 베들레헴 들판은 실제로 사자나 곰이 나타나서 양 떼를 공격하여 어린 양을 물어가는 참으로 위험천만(危險千萬)한 곳이었습니다(삼상 17:34-35). 그런데도 아버지 이새는 일곱 명의 형은 놔두고 막둥이 다윗에게 그 위험천만한 일을 맡겼던 것입니다.

사무엘 선지자는 하나님의 명령을 따라 사울을 대신할 왕을 세우기 위해 이새의 집을 방문하여 그의 아들들을 다 부르라고 말했습니다. 그렇지만 아버지 이새는 다윗만 쏙 빼놓고 나머지 일곱 형만 불렀습니다.

그런데 그들 가운데 왕이 될 사람이 없었기에 사무엘 선지자가 "여기 있는 아들들이 전부냐"라고 묻자, 그때에야 비로소 이새는 목동인 막내아들이 있다고 대답했습니다.

그 정도로 다윗은 아버지에게서 아들 취급도 제대로 받지 못했습니다. 다윗에 대한 이런 아버지의 마음과 태도가 어린 다윗의 마음에 심한 거절 감을 가져다주었고, 마음속에 깊은 상처와 아픔과 쓴 뿌리를 남겼을 것입니다. 그리고 아버지로부터 받았던 그 상처와 아픔과 쓴 뿌리는 하나님의 은혜와 사랑으로 치유되기까지 다윗의 삶과 인생에 계속해서 부정적인 영향을 미쳤습니다.

게다가 다윗은 형들에게서도 살붙이 취급을 받지 못했고, 동생 취급도 받지 못하면서 요즘 아이들이 쓰는 말로 개무시 당하고 살았습니다(삼상 17:28). 설상가상(雪上加霜)으로 결혼한 후에는 사랑하는 아내 미갈로부터 업신여김을 당했고, 장인인 사울 왕으로부터는 살육의 크나큰 위기를 오랜 기간 당했습니다.

성장할 때, 다윗처럼 부모를 비롯한 가까운 관계에 있는 사람들로부터 사랑받지 못하고 야단맞고 거절당한 사람들의 마음속에는 사랑의 결핍으로 인해 생긴 텅 빈, 마음의 공간이 있습니다. 그래서 마음이 많이 허하고 외롭고 시리기에 그들은 거짓된 사랑인 정욕을 통해서라도 마음의 빈 곳을 채우려고 합니다. 거짓된 사랑인 정욕으로는 음란, 외설, 잘못된 성관계, 과도한 물질 추구와 남용, 도벽, 각종 중독, 질투심, 소유욕 등이 있습니다.

다윗도 사랑의 결핍으로 인해 거짓된 사랑인 정욕에 깊이 빠진 적이 있었습니다. 우리아의 아내 밧세바와 잘못된 성관계에 빠졌습니다. 물론, 다윗이 그런 무서운 죄를 범한 것은 분명히 그의 잘못이고 전적인 그의 책임입니다. 그렇지만, 그가 정욕에 깊이 빠지게 된 주요한 요인 가운데 하나는 성장하면서 부모를 비롯한 가까운 관계에 있는 사람들로부터 사랑받지 못하고 계속 거절당하면서 상처를 많이 받았기 때문인 것도 무시할 수 없습니다.

그래서 다윗은 자신의 텅 빈, 허한 마음을 거짓된 사랑인 정욕으로 채우려고 시도하다가 간음죄와 살인죄의 무섭고 끔찍한 죄를 연이어 범하고 말았던 것입니다.

우리도 어린 시절에 다윗과 같이 역기능 가정에서 자라게 되면 가장 신뢰하고 사랑받아야 할 대상인 부모로부터 사랑과 따뜻한 관심과 인정을 받지 못합니다. 오히려 자주 혼나고 야단맞고 욕설을 듣고 거절당하게 됩니다.

그때 우리 마음 깊은 곳에는 상처와 아픔과 쓴 뿌리가 자리 잡게 됩니다. 그 상처와 아픔과 쓴 뿌리는 우리 자신을 괴롭히고, 또 가장 가까운 관계에 있는 자녀들, 배우자에게 가장 악한 영향을 미칩니다. 더욱 심각한 것은 그 상처와 아픔과 쓴 뿌리가 대물림된다는 것입니다.

다윗의 가정을 보십시오. 다윗이 받은 상처와 아픔과 쓴 뿌리가 대를 이어 내려갔습니다. 자녀들 대부분이 불행한 인생을 살았습니다. 이복 오빠가 이복 누이를 겁탈합니다. 배다른 아들들은 서로 죽이고 죽는, 피 터지는 처참한 살육을 벌입니다. 그리고 사랑하는 아들 압살롬은 반역을 일으켜 아버지의 왕좌를 빼앗고 아버지를 죽이려다가 전쟁터에서 비참하게 죽임을 당하고 말았습니다.

이렇게 다윗은 인생을 살면서 마음이 상하고 가슴이 답답한, 억울하고 원통한 일들을 너무나 많이 당했습니다. 그래서 다윗의 마음과 몸은 온통 상처투성이였습니다.

[시 69:20 (다윗)] **비방이 나의 마음을 상하게 하여 근심이 충만하니 불쌍히 여길 자를 바라나 없고 긍휼히 여길 자를 바라나 찾지 못하였나이다**

여기서 "상하다"라는 단어(솨바르)는 '파열하다', '깨지다', '산산이 부서지다', '으스러뜨리다,'(NIV: break)라는 의미입니다. 따라서, '나의 마음을 상하게 한다'는 것은 '나의 마음을 산산이 부수고 으스러뜨린다'라는 의미입니다.

그러기에 다윗은 자신의 상처와 아픔을 씻어 주실 선한 목자이신 하나님께서 부어 주시는 성령의 치유 기름이 필요했습니다. 그래서 다윗은 억울하고 원통한 일을 당하여 마음이 상하고 가슴이 답답할 때마다, 마음의 상처로 인하여 견딜 수 없는 아픔과 고통을 느낄 때마다 선한 목자이신 하나님 앞에 나아갔습니다. 왜냐하면, 하나님께서는 상심(傷心)한 자를 고치시며 우리의 상처를 싸매 주시기 때문입니다.

[시 147:3] (여호와께서) **상심(傷心)한 자들을**(NIV: the brokenhearted) **고치시며 그들의 상처를 싸매시는도다**

다윗은 마음이 상하고 답답할 때마다, 상처로 인하여 아픔과 고통을 느낄 때마다 하나님 앞에 나아가 자신의 아픈 마음을 다 토하면서 간절히 부르짖어 기도했습니다.

[시편 142:1-2(다윗)] **내가 소리 내어 여호와께 부르짖으며** 소리 내어 여호와께 간구하는도다 **내가 내 원통함을 그의 앞에 토로하며** 내 우환(憂患, NIV: my trouble)을 그의 앞에 진술하는도다

다윗이 이렇게 마음을 토하여 간절히 부르짖어 기도할 때 하나님께서는 늘 그의 기도를 들어주셨고, 언제나 성령의 치유 기름을 가득 부어 주셨습니다. 다윗은 하나님께서 가득 부어 주시는 성령의 기름으로 말미암아 원통함과 억울함이 풀어졌습니다. 마음의 상처와 아픔이 치유되고 회복되는 것을 깊이 경험했습니다. 그래서 그는 감격에 넘쳐 고백합니다.

[시 23:5하 (히브리어 원문)] … (당신께서) **기름을 (가지고) 내 머리에 (가득) 부으셨으니 내 잔이 넘치나이다**

이렇게 성령의 놀라운 기름으로 많은 상처와 아픔을 치유 받았던 다윗이었기에 시편 62편 8절에서 이렇게 우리에게 권면합니다.

[시 62:8] 백성들아 **시시로 그를 의지하고 그의 앞에 마음을 토하라** 하나님은 우리의 피난처시로다

거절로 인하여 생긴 마음의 상처와 아픔을 치유하기 위해서는 성령의 기름보다 더 좋은 치료 약이 없습니다. 성령께서 치유의 기름을 부어 주시면 우리의 상한 마음은 고침을 받게 됩니다. 포로 된 마음은 자유를 얻게 됩니다. 묶인 마음은 풀어지게 됩니다. 그래서 우리는 다윗처럼 기뻐하고 즐거

위하면서 "내 잔이 넘치나이다!"라고 하나님을 찬송하게 됩니다(사 61:1-3).

4. 양들이 각자 목자와의 사랑의 관계를 확인하고, 목자의 사랑을 깊이 느끼도록 하기 위해서입니다

앞에서 살펴보았던 것처럼 목자가 양들에게 기름을 부어 주는 것은 해충들과 피부병으로부터 양들을 보호하고, 서로 싸우지 않고 화목하게 지내도록 하며, 양들의 상처를 치유하기 위해서입니다. 이런 이유가 다 중요하지만, 목자가 양들에게 기름을 붓는 가장 중요한 이유가 있습니다. 그것은 양들이 목자와의 사랑의 관계를 확인하고 목자의 사랑을 깊이 느끼도록 하기 위해서입니다.

사망의 음침한 골짜기를 지나 산 위에 있는 푸른 초원에 도착한 양 떼는 그 초원에서 마음껏 풀을 뜯고, 또 쉴 만한 물가에서 맑은 물을 마십니다. 그리고 해가 석양에 지면 목자가 돌을 쌓아 임시로 만들어 놓은 양 우리로 돌아옵니다. 그러면 목자는 한 마리씩 양의 이름을 부르면서 머리에 기름을 발라 주고 머리를 쓰다듬어 줍니다.

이것이 바로 목자와 양 사이에 맺어지고 확인되는 '사랑의 언약'입니다.

"양돌아, 양순아, 너는 내 양이야!

내가 바로 너를 사랑하는 목자야!"

그때 양은 목자와의 사랑의 관계를 확인하게 되고, 목자가 자기를 사랑하는 것을 깊이 느끼게 됩니다. 그래서 아무런 두려움 없이 양 우리 안에서 편히 쉴 수 있고, 평안하게 잠을 잘 수 있습니다.

다윗은 목동 시절에 사무엘 선지자로부터 이스라엘의 두 번째 왕으로 기름 부음을 받았습니다. 구약 시대에는 선지자와 제사장과 왕으로 임명되는 사람들에게 기름을 부어 세웠습니다. 그들은 선지자, 제사장, 왕의 삼중직(三重職)을 동시에 가지신 메시아, 예수 그리스도의 모형(模型)과 그림자입니다. 그런데 기름 부음에는 세 가지 의미가 있습니다.

첫째, 하나님께서 특별한 사역을 위하여 일꾼들을 택하셔서 공적 직무를 맡겨 주신다는 상징적인 예식입니다. 그래서 기름 부음을 받자마자 그들은 선지자와 제사장과 왕이라는 공적 직무를 맡게 됩니다.

둘째, 하나님께서 기름 부으실 때, 성령이 임하셔서 함께하심으로 그들은 자신들에게 맡겨진 공적 직무를 능히 감당할 수 있게 됩니다. 이것은 사울이 왕으로 기름 부음을 받을 때도 그랬고(삼상 10:1, 9-10), 다윗이 기름 부음을 받을 때도 역시 그러했습니다.

> [삼상 16:12-13] … 여호와께서 이르시되 이가 그니 **일어나 기름을 부으라** 하시는지라 **사무엘이 기름 뿔병을 가져다가** 그의 형제 중에서 **그에게 부었더니** 이 날 이후로 **다윗이 여호와의 영에게 크게 감동되니라**

다윗은 하나님께서 사무엘 선지자를 통해 기름 부어 주실 때 성령으로 충만하여 하나님께서 맡겨 주신 거룩한 사명을 능력 있게 감당할 수 있었습니다.

셋째, 기름 부으심을 받은 사람들은 성령이 충만히 임하셔서 함께하시기에 하나님을 더 깊이 알게 되고, 더 분명히 느끼게 되며, 자신에게 부어 주시는 하나님의 넘치는 사랑과 은혜를 생생하게 체험하게 됩니다.

그들은 마치 양들이 하루의 일과를 마치고 저녁에 양 우리로 돌아오면 목자가 한 마리씩 양의 이름을 부르면서 머리에다 기름을 발라 주고 머리를 쓰다듬어 주는 것과 같은 축복을 누리게 됩니다. 그래서 선한 목자이신 하나님과의 사랑의 관계를 다시 확인하고, 선한 목자이신 하나님의 사랑과 은혜를 생생하게 체험하면서 더 깊고 친밀하고 풍성한 생명의 교제를 하나님과 나누게 됩니다.

다윗은 선한 목자이신 하나님으로부터 이런 놀라운 성령의 기름 부으심을 충만히 받았습니다. 그리고 성령의 기름 부으심으로부터 오는 하나님의 특별하신 은혜와 능력의 체험들을 계속 경험하며 인생을 살았습니다. 그래서 그는 노년에 감격에 넘쳐 고백합니다.

[시 23:5] … (당신께서) 기름을 (가지고) 내 머리에 (가득) 부으셨으니 내 잔이 넘치나이다

사랑하는 성도 여러분!

우리도 성령의 기름 부으심을 간절히 사모하며 하나님께 간구합시다. 우리의 죄를 철저히 회개합시다. 그리고 하나님과 그분의 말씀에 순종하기 위해 우리 의지와 우리 자신을 온전히 드립시다. 그때 하나님께서는 다윗에게 성령의 기름을 충만히 부어 주셨던 것처럼 우리에게도 충만히 부어 주실 것입니다.

우리는 성령의 기름 부으심으로 말미암아 우리를 괴롭히고 우리 영과 마음과 몸에 치명적인 손상을 입히는 영적 해충들과 영적 피부병으로부터 보

호함을 입게 될 것입니다. 인간관계 속에서, 특히 믿음의 지체들과의 관계에서 갈등과 분쟁과 다툼을 버리고 화목하게 지내게 될 것입니다.

우리의 상한 마음이 고침을 받게 되고, 포로 된 마음은 자유로움을 얻게 되며, 묶인 마음은 풀어지게 될 것입니다. 무엇보다 선한 목자이신 하나님과 깊고 친밀하고 풍성한 생명의 교제를 나누면서 하나님이 부어 주시는 넘치는 사랑과 은혜를 생생하게 체험하게 될 것입니다. 그래서 우리도 다윗처럼 가슴 벅찬 감격으로 이렇게 외치게 될 것입니다.

… 당신께서 기름을 가지고 내 머리에 가득 부으셨으니 내 잔이 넘치나이다.

제10장
선하심과 인자하심이 나를 따르는 삶(시 23:6상)

> [시 23:6] 내 평생에 선하심과 인자하심이 반드시 나를 따르리니

미국에 에릭 힐(Eric Hill)이라는 젊은이가 있었습니다. 그는 장래가 정말 촉망되는 청년이었습니다. 갓 대학을 졸업한 스물여덟 살의 나이에 건장한 체구, 핸섬한 얼굴, 그리고 부드러운 미소를 지녔습니다. 모든 가족이 사랑했고, 주위에 있는 자매들은 그와 교제하고 싶어 했습니다. 이미 여러 회사로부터 함께 일하자는 제의를 받아 놓고 있었습니다.

이렇게 겉으로는 행복한 청년처럼 보였지만 속으로는 심히 병들어 있었습니다. 그는 계속되는 환청 소리와 환상으로 인해 끊임없이 고통을 당하다가 결국 집을 나간 후 다시는 돌아오지 않았습니다.

그 후 16년 동안 에릭은 집에서 아주 멀리 떨어진 텍사스에 있는 고속도로 근처의 공터 한구석에 움막을 짓고 누더기를 걸치고 짐승처럼 살았습니다. 그러다가 복부 통증으로 길가에 쓰러졌고, 응급 구조대에 발견되어 병원에 이송된 후 말기 암이라는 판정이 났습니다. 이제 에릭이 살 수 있는 날은 몇 달밖에 남지 않았습니다. 혼자 쓸쓸하게 죽음을 맞이할 수밖에 없었습니다.

에릭의 보호 관찰을 맡은 변호사는 그를 찾는 사람이 있을 거라는 생각을 떨쳐 버릴 수가 없었습니다. 그래서 인터넷을 샅샅이 뒤지다가 결국 여동생 데비(Debbie)와 연락이 닿게 되었습니다. 데비는 남편과 두 자녀까지 데리고 텍사스로 날아갔습니다. 에릭은 데비를 만났지만, 동생을 알아보지 못했습니다. 무표정한 가운데 아무런 반응도 없었습니다.

원래 데비는 일주일만 그곳에 머물 생각이었지만 떠날 수가 없었습니다. 결국, 남편만 돌아가고 데비는 남게 되었습니다. 봄이 가고 여름이 가면서 에릭의 병세도 어느 정도 호전됐습니다. 데비는 아파트를 세내어 집에서 자녀들을 가르치며 오빠를 따라다녔습니다. 그런데도 오빠는 동생을 전혀 알아보지 못했고, 때로는 욕설을 퍼붓기도 했습니다.

데비의 아파트에는 한사코 묵으려 하지 않았고, 동생이 만들어 주는 음식도 먹지 않았습니다. 심지어 대화도 거부했습니다. 그렇지만 데비는 오빠를 포기하지 않았고, 오빠 곁을 떠나지 않았습니다. 어느 날 데비의 이야기를 다 들은 사람이 이런 질문을 했습니다.

"어떻게 그렇게 끈질기게 포기하지 않을 수 있었습니까?"

그때 데비가 대답합니다.

"이상할 게 없어요. 제 오빠니까요."

동생 때문에 오빠는 생의 마지막 시간을 행복하게 보냈습니다. 세상을 떠나기 며칠 전에 그는 데비가 누이동생이라는 사실을 인식하며 가정을 되찾았습니다.

우리는 동생 데비의 모습에서 아가페 사랑의 집요함과 끈질김으로 끝까지 우리를 따라다니시는 선한 목자이신 하나님과 예수 그리스도의 모습을 볼 수 있습니다. 하나님께서는 그분의 거룩한 형상을 따라 우리를 지으신 우리의 영적 아버지이십니다. 그러기에 하나님께서는 그분의 품을 떠나 일평생 동안 죄와 마귀의 종이 되어 고통당하는 우리 모습을 그냥 두고 보실 수가 없으셨습니다.

선한 목자이신 주님께서는 그렇게 처참하게 고통당하다가 결국에는 쓸쓸하게 죽음을 맞이하여 지옥의 영원한 형벌 속으로 떨어질 수밖에 없는 우리를 바라보시면서 견딜 수 없는 연민의 마음으로 괴로워하셨습니다. 결국, 선한 목자이신 주님께서는 아버지 하나님의 뜻을 따라 우리를 만나시기 위해 천국의 영광의 집을 떠나 이 세상으로 내려오셨습니다. 그리고 우리를 쉼 없이 끈질기게 찾아오셨습니다.

그러나 우리는 선한 목자이신 주님을 알아보지 못했습니다. 연민의 마음으로 우리를 바라보시는 그분의 아픈 마음을 알지 못했습니다. 우리는 그분을 원하지도 않았고, 무시했으며, 귀찮은 존재처럼 대했습니다. 주님께서는 그런 우리를 포기하지 않으시고 끝까지 우리를 따라다니셨습니다. 결국, 우리는 주님의 아가페 사랑의 집요함과 끈질김으로 인하여 하나님 앞으로 돌아와 그분의 자녀가 될 수 있었습니다.

우리는 이런 주님의 아가페 사랑의 집요함과 끈질김으로 인해 하나님의 자녀가 되었지만, 우리 삶 속에 어려운 문제나 힘든 일이 생기면, 쉽게 주님의 선하심과 인자하심을 의심하게 됩니다. 다윗 역시 그러했습니다. 다윗의 시 가운데 그런 배경 속에 기록된 시를 시편에서 여럿 발견할 수 있습니다.

[시 13:1-2] 여호와여 어느 때까지니이까 **나를 영원히 잊으시나이까** 주의 얼굴을 나에게서 어느 때까지 숨기시겠나이까 나의 영혼이 번민하고 종일토록 마음에 근심하기를 어느 때까지 하오며 내 원수가 **나를 치며 자랑하기를** 어느 때까지 하리이까?

[시 22:1-2, 6] 내 하나님이여 내 하나님이여 **어찌 나를 버리셨나이까 어찌 나를 멀리 하여 돕지 아니하시오며** 내 신음 소리를 듣지 아니하시나이까 내 하나님이여 내가 낮에도 부르짖고 밤에도 잠잠하지 아니하오나 응답하지 아니하시나이다 … 나는 벌레요 사람이 아니라 사람의 비방거리요 백성의 조롱거리니이다

이런 다윗이지만, 이제 그는 인생의 석양에서 자신이 걸어온 인생길을 되짚어 보면서 감격적으로 고백합니다.

[시 23:6] 내 평생에 **선하심과 인자하심이 반드시 나를 따르리니** 내가 여호와의 집에 영원히 살리로다

히브리어 원문 성경은 이 구절을 이렇게 표현하고 있습니다.

진실로, 선하심과 인자하심이 내가 사는 모든 날 동안 나를 따르리니, 내가 여호와의 집에 영원히 살게 될 것입니다(KJV: Surely, goodness and mercy shall follow me all the days of my life, and I will dwell in the house of the Lord for ever).

우리는 다윗의 고백을 통해서 몇 가지 복된 진리를 깨달을 수 있습니다.

1. '나'를 향하신 하나님의 신실하심입니다

[시 23:6] 내 평생에 선하심과 인자하심이 **반드시 나를 따르리니** …

여기서 "반드시"라는 단어(아크)는 '확실히', '의심할 여지 없이'(surely)라는 뜻입니다. 히브리어 원문 성경에는 이 단어가 서두에 나오면서 문장 전체를 강조하고 있습니다. 그리고 '내 평생에'라는 단어(콜 예메 하이아이)는 '나의 생명의(삶의) 모든 날'(all the days of my life)이라는 의미입니다. 다윗은 강한 확신 가운데 고백합니다.

[시 23:6(히브리어 원문 성경)] **진실로**(의심할 여지 없이, Surely), 선하심과 인자하심이 내가 사는 모든 날 동안 나를 따르리니 …

이렇게 다윗은 자신이 숨 쉬는 모든 날 동안 하나님의 선하심과 인자하심이 멈추어지는 날이 단 한순간도 없을 것을 전혀 의심하지 않고 강한 확신 가운데 고백합니다.

다윗은 이제까지 인생을 살아오면서 자신의 인생 전체를 통해 하나님께서는 '진실로' 그분의 약속을 지키시며, 언제나 변함없이 자신을 대해 주시는 것을 깊이 경험했습니다. 사람의 기분은 조변석개(朝變夕改)처럼 아침저녁으로 변하지만, 하나님의 심기는 변하지 않으십니다. 사람의 마음은 변덕을 부리지만 우리를 향하신 하나님의 마음은 한결같으십니다.

인간의 사랑은 환경이나 다른 사람의 태도나 시간이 지남에 따라 변하고, 또 약해지지만, 우리를 향하신 하나님의 사랑은 언제나 변함이 없으시고 약해지지 않습니다. 심지어 우리가 하나님께 신의(信義)를 저버리고 그분을 배반할 때조차도 하나님은 우리에게 결코 신실함을 잃지 않으십니다.

다윗은 이 사실을 자신의 실패와 범죄를 통하여 깊이 깨달았습니다. 다윗이 우리아의 아내 밧세바를 취하고, 충성스러운 신하 우리아를 죽이는 흉악한 죄를 범하며 하나님께 반역했을 때도 그를 향한 하나님의 신실하심은 변함이 없었습니다. 이렇게 하나님의 신실하심을 생생하게 체험했던 다윗이기에 그는 가슴 벅찬 감격으로 이렇게 고백합니다.

진실로, 주님의 선하심과 인자하심이 내가 사는 모든 날 동안 나를 따를 것입니다.

사랑하는 성도 여러분!
다윗의 고백이 바로 오늘 우리의 고백이 아닙니까?
지금까지 여러분이 걸어온 인생의 걸음걸음을 세밀히 살펴보십시오.
이제까지 우리는 하나님께 약속한 수많은 결심과 결단을 제대로 지키지 못하고 신실함과 신의를 저버리며 하나님을 배반한 적이 얼마나 많았습니까?

그런데도 하나님께서는 한 번도 우리를 향한 신실함을 버리신 적이 없으셨습니다. 우리에게 하셨던 그 많은 약속을 단 한 번도 어기지 않으셨습니다. 언제나 한결같은 모습으로 약속을 신실히 지키시며 우리를 대하셨습니다. 그러기에 성경은 하나님은 미쁘시고 신실하신 분이라고 말씀하십니다.

[살후 3:3] **주는 미쁘사** (주님은 신실하시기에) **너희를 굳건하게 하시고 악한 자에게서 지키시리라**

2. 하나님의 선하심과 인자하심이 '내 뒤'를 따릅니다

[시 23:6(히브리어 원문 성경)] 진실로, **선하심과 인자하심**이 내가 사는 모든 날 동안 나를 따르리니 …

여기서 '선하심'이라는 단어(토브)는 '좋음', '아름다움', '친절함', '부유함' 등의 뜻이 있습니다. 이 단어는 하나님의 성품 그 자체를 묘사하거나 하나님의 은혜로우심과 축복을 나타내는 데 사용되기도 합니다. 이 단어가 대표적으로 사용된 용례가 창세기 1장에 나옵니다. 하나님께서 엿새 동안 천지를 창조하실 때, 날마다 창조의 마지막에 이 단어가 후렴구처럼 반복 사용되었습니다.

[창 1:4, 12, 18, 21, 25, 31] … 하나님이 보시기에 (심히) **좋았더라**(토브)

이 말씀은 하나님께서 엿새 동안 창조하신 모든 피조물이 하나님이 원래 의도하셨던 목적과 계획과 일치하여 존재하게 된 것을 바라보시면서 내리신 하나님의 판단과 평가입니다. 따라서, 하나님의 '선하심'(토브[좋았더라])은 우리의 관점에서 바라보면서 내리는 우리의 판단과 평가가 아닙니다. 하나님의 관점에서 바라보며 내리시는 하나님의 판단과 평가입니다.

예를 들어 보겠습니다. 시편 기자는 시편 119편에서 이런 고백을 합니다.

[시 119:67, 71] 고난당하기 전에는 내가 그릇 행하였더니 이제는 주의 말씀을 지키나이다 … 고난당한 것이 내게 유익이라. 이로 말미암아 내가 주의 율례들을 배우게 되었나이다

시편 기자의 "고난당한 것이 내게 유익이라"라는 이 고백이 바로 "하나님이 보시기에 좋았더라", '하나님의 선하심'(토브)에 관련된 고백입니다. 왜냐하면, 시편 기자는 자신이 당한 고난을 인간적인 관점에서 바라보며 판단과 평가를 내리는 것이 아니라, 하나님의 관점에서 자신의 고난을 바라보며 판단하고 평가하기 때문입니다.

그러기에 시편 기자의 고백은 바로 하나님의 '선하심'(토브[좋았더라])과 일치합니다. 그는 고난을 통하여 이전에 그릇 행했던 자신이 주의 말씀을 지키게 되었고, 주의 율례들을 배우게 되었습니다. 그래서 '토브'(고난이 '좋았더라'), 하나님의 '선하심'인 것입니다.

부잣집 외아들로 태어나 고난이라고는 모른 채 어린 시절을 유복하게 보냈던 어느 집사님이 있었습니다. 일류대 공대를 졸업한 뒤 직장에서도 승승장구해서 삼십 대 초반에 부장직까지 올랐습니다. 어릴 적 교회에서 세례도 받았고 결혼식은 교회에서 목사님의 주례로 올렸습니다. 그렇지만 성공을 발판 삼아 더 큰 성공을 추구하다 보니 일이 바쁘고 힘들다는 핑계로 교회를 떠났습니다. 40대에는 사업을 시작했습니다. 모두가 부러워하는 행복한 삶의 정상에 드디어 오른 듯했습니다.

하지만, 창업 14년 만에 회사가 큰 위기에 빠지는, 뜻밖의 고난이 들이닥쳤습니다. 그는 지푸라기라도 잡아보려는 심정으로 어느 주일에 불교 신자였던 아내를 따라 불공을 드리기 위해 절에 가고 있었습니다. 그런데 그날따라 절 문이 닫혀 있었습니다. 실망해서 돌아가는 길에 교회를 지나게 됐습니다. 예배당 외벽에 걸린 현수막이 눈에 확 띄었습니다. "고난이 축복입니다"라는 이상한 문장이 쓰여 있었기 때문입니다.

'왜 고난이 축복인가?'

극심한 고난 중에 있던 그는 호기심에 끌려 아내와 함께 예배당으로 들어갔습니다. 마침 주일 예배 중이었습니다. 고난으로 곤고(困苦)했던 마음이 설교를 들으면서 감동이 되었고, 그때부터 다시 교회를 출석하기 시작했습니다. 주일 예배는 물론 새벽기도까지 빠지지 않고 열심히 참석했습니다.

그러나 상황은 하나도 변하지 않았습니다. 급기야 회사는 망했습니다. 그에게 더 큰 고난은 성실하게 살아온 자기 인생이 무너진 데 대한 수치였습니다. 이런 고난 가운데 사느니 삶을 끝내는 게 나아 보였습니다. 결국, 어느 날 밤 그는 아내에게 문자를 남긴 후 스스로 목숨을 끊으려고 시도했습니다. 하지만, 아내의 신고를 받고 출동한 경찰의 신속한 조치로 생명을 지킬 수 있었습니다.

이 사건을 계기로 그는 교회 소그룹 모임에 참여했고 양육도 받기 시작했습니다. 날마다 말씀을 묵상하며 말씀으로 자기 죄를 돌아보기 시작했습니다. 물론, 여러 사건으로 우여곡절이 많았지만, 공동체를 떠나지 않고 10년을 붙어 있었습니다. 현재 소그룹 리더인 목자가 된 그는 10년 전 자신처럼 고난 때문에 살 수 없다고 외치는 사람들을 돌보고 있습니다. 고난이 싫어 자기 생명을 죽음에 던졌던 그가 이제는 다른 사람의 구원을 위해 살고 있습니다.

이 집사님은 죽음에 이르는 고난을 통해 교회로 인도돼 주님을 만났습니다. 인생 최고의 축복을 얻었습니다. 그가 자기가 원하던 대로 잘 풀리는 삶을 이어 갔다면 주님께 나오지 않았을 것이라고 스스로 고백합니다. 고난이 그를 주께로 인도하는 통로가 됐기에 고난이 축복이라고 그 스스로 고백하는 것입니다.

타락한 인간은 그 누구도 예외 없이 본성적으로 교만하고, 타락한 자아 사랑으로 가득합니다. 자기 자신과 자기 의를 의지하는 마음이 얼마나 강한지 모릅니다. 그래서 인간에게는 고난이 필요한 것입니다. 인간의 그런 교만함과 타락한 자아 사랑, 그리고 자기 자신과 자기 의를 의지하는 마음이 깨뜨려지고 부수어지기 위해서는 다른 것으로는 불가능합니다. 오직 고난을 통해서만 가능합니다. 그래서 하나님께서는 고난을 '변장 된 하나님의 축복'으로 사용하시는 것입니다.

저 역시 고난을 통해 변장된 하나님의 축복을 깊이 경험하면서 인생을 살아왔습니다. 저는 이십 대 초반에 폐결핵에 걸려서 3년 동안 죽을 고생을 했는데, 나중에는 살 소망이 없었습니다. 밤마다 대접에 피를 하나 가득 쏟았고, 7, 8미터만 걸어가도 숨이 가빠 더 걸을 수가 없었습니다.

그런 극한적인 고난 속에서 주님을 인격적으로 만났고, 성령을 깊이 경험했으며, 주님의 초자연적인 역사(役事)로 주의 종의 사명을 받았습니다. 그 후 주님께서 제 병을 고쳐 주셨고, 지금까지 45년을 넘게 덤으로 살고 있습니다.

폐결핵의 후유증인 만성폐쇄성폐질환으로 인해 폐 기능이 동연배(同年輩) 남자들의 43퍼센트 정도밖에 안 되지만, 지금까지 건강하게 잘 살아왔고, 사명을 잘 감당해 왔습니다. 제 인생길을 뒤돌아보면 폐결핵으로 죽어 갈 때가 인생에 있어서 가장 불행한 시기라고 생각했지만, 지금은 그때가 가장 축복 된 시기임을 깊이 자각하면서 감사하며 살고 있습니다.

얼마 전, 우리 교회 어느 권사님이 계속 배가 아파 진찰을 한 결과, 암으로 판명이 났습니다. 10년 전에 유방암으로 수술하셨는데, 다른 부위에서 암이 발견된 것입니다. 그런데도 그 권사님은 제게 카톡을 보낼 때마다 감사를 달고 삽니다.

"황달 수치가 떨어졌습니다. 할렐루야 주님, 감사합니다."

"MRI 촬영 결과 뼈에 암이 전이 되지 않았다고 합니다. 암 수술 후, 항암 치료를 6차에 걸쳐서 한다고 합니다. 할렐루야 주님, 감사합니다."

저는 그 권사님께서 보내 주신 카톡을 볼 때마다 이런 생각이 들었습니다.

'참, 권사님 믿음이 대단하시다!

나 같으면 저렇게 감사하지 못할 텐데.'

정말 도전을 많이 받습니다. 기독교 희락주의자로 유명한 존 파이퍼(John Piper) 목사님이 몇 년 전, 암에 걸린 후 이런 고백을 했습니다.

> 물론, 암 발병 소식은 저에게 좋은 것이었습니다. 이 세상에서 가장 위험한 것은 자기 자신을 의지하는 죄와 세상에서 혼탁해지는 것입니다. 암 발병 소식은 이 두 가지의 가장 위험한 것들을 놀라울 만큼 파괴하는 효과가 있었습니다. 저는 이점에 대해서 하나님께 감사드립니다. 암 발병의 시기에 그리스도와 함께했던 시간은 평소와는 달리 매우 달콤했습니다.

존 파이퍼 목사님은 『암을 낭비하지 마세요』(Don't Waste Your Cancer)라는 책에서 자신과 같이 암에 걸린 사람들에게 이렇게 권면합니다. 그분이 말하는 '암'이라는 단어를 '고난'으로 바꿔도 그 의미가 그대로 전달됩니다.

> 암이라는 (고난을 당할 때) 고난이 주는 의미를 깨닫지 못한다면, 암(고난)을 낭비하는 것입니다. … 암에 걸린 후에도(고난을 당하면서도) 죄에 대해 무감각하다면, 암(고난)을 낭비하는 것입니다. 죄와 싸워서 승리하는 데 암(고난)을 사용해야 합니다. 교만, 탐욕, 정욕, 미워함, 용서하지 않음, 성급함, 게으름 … 암(고난)에게는 이런 끈질긴 죄악을 죽일 수 있는 힘이 있습니다.

우리도 고난당할 때, 그 권사님이나 존 파이퍼 목사님처럼 고난을 통하여 하나님께서 의도하신 목적에 맞게 변화될 때, 고난까지도 사용하셔서 합력하여 선을 이루시는 하나님의 선하심을 깊이 체험할 수 있습니다. 다윗은 자신이 사는 모든 날 동안 하나님의 선하심이 자기를 따를 뿐 아니라 하나님의 인자하심도 자기를 따른다고 고백합니다.

> [시 23:6(히브리어 원문 성경)] 진실로 선하심과 **인자하심이** 내가 사는 모든 날 동안 **나를 따르리니** …

여기서 "인자하심"이라는 단어(헤세드)는 '언약 백성을 향한 하나님의 주권적인 사랑'을 가리킵니다. '헤세드' 사랑의 중요한 두 가지 특징이 있습니다. 그것은 '무조건적인 사랑'(신 7:6-8)과 '변함없는 무궁한 사랑'(렘 31:3)입니다. '헤세드'를 헬라어로는 '아가페'로 번역할 수 있습니다. "인자하심"(헤세드)이라는 단어의 가장 중요한 의미는 언약 백성들을 향하여 불쌍히 여기시는 하나님의 긍휼하신 성품과 관련되어 있습니다.

하나님의 '헤세드' 사랑, '아가페' 사랑은 아무런 자격도 없고 가치도 없는 죄인들을 불쌍히 여기기는 하나님의 긍휼에 기초를 두고 있습니다. 다윗은 자신의 죄악과 연약함과 무능력에도 불구하고 선한 목자이신 하나님의 인도하심을 따라 살아갈 때 하나님께서 반드시 불쌍히 여겨 주실 것이라고 확신합니다.

> [시 23:6(히브리어 원문 성경)] 진실로 선하심과 **인자하심이** 내가 사는 모든 날 동안 **나를 따르리니** …

하나님이 앞장서서 양 떼인 우리를 인도하시는 목자시라면 하나님의 선하심과 인자하심은 양 떼인 우리 후미(後尾)를 지키는 두 마리 양치기 개와 같습니다. 다윗은 본문에서 하나님의 선하심과 인자하심을 함께 똑같이 강조합니다. 그는 하나님의 '선하심'이라고만 하지 않습니다. 왜냐하면, 우리는 그릇 행하여 각기 제 길로 가는 양이기 때문입니다. 우리는 하나님의 인자하심, 불쌍히 여기심이 언제 어디서나 필요한 죄인들입니다.

그러므로 그릇 행하여 각기 제 길로 가기를 잘하는 양과 같은 우리 뒤에는 늘 하나님의 인자하심이라는 양치기 개가 우리를 따라와야 합니다. 또한, 다윗은 하나님의 '인자하심'이라고만 하지 않습니다. 우리는 양처럼 늘 목자이신 하나님의 선하심이 필요한 연약하고 무능력한 존재이기 때문입니다. 목자의 돌봄과 도움과 보호가 없이는 한순간도 살 수 없는 양처럼 우리 뒤에는 늘 하나님의 선하심이라는 양치기 개가 우리를 따라와야 합니다. 특히, 우리가 고난 중에 있을 때는 더욱 그러합니다.

그러므로 하나님의 선하심과 인자하심은 우리가 사는 모든 날 동안 언제나 함께 우리에게 필요합니다. 하나님의 선하심은 우리가 인생을 살면서 필요한 영적, 정신적, 육체적인 모든 필요를 채우십니다. 하나님의 인자하심은 우리가 일평생 동안 범하는 모든 허물과 죄와 실수를 덮으시고 우리의 모든 죄악을 용서하십니다. 이렇게 목자이신 하나님은 선하심으로 우리의 모든 필요를 채우십니다. 그리고 그분의 인자하심으로 우리의 모든 허물과 죄를 용서하십니다.

그러기에 목자이신 하나님의 선하심과 인자하심은 하나님의 양 떼인 우리를 지키는 거룩한 양치기 개들이며, 거룩한 경호원들입니다. 다윗은 이런 하나님의 선하심과 인자하심이 일평생 동안 나를 따른다고 말합니다.

[시 23:6(히브리어 원문 성경)] 진실로 **선하심과 인자하심이** 내가 사는 모든 날 동안 **나를 따르리니** 내가 여호와의 집에 영원히 살게 될 것입니다

여기서 "따른다"라는 단어(라다프)는 단순히 '뒤따라 온다'라는 뜻이 아닙니다. '추격한다', '추적한다'(pursue)라는 강한 의미를 지니고 있습니다.

걸음마를 배우기 시작한 어린아이를 둔 엄마가 아이를 향해 시선을 한순간도 놓치지 않고 계속 추격하는 것처럼, 맹수들이 먹잇감을 쫓을 때 그것을 놓치지 않기 위해서 집요하게 추격하는 것처럼, 형사가 범인을 검거하기 위해서 모든 증거를 하나도 놓치지 않고 끈질기게 추적하는 것처럼, 하나님의 선하심과 인자하심은 우리의 모습과 상태와 됨됨이와 상관없이 결코 우리를 포기하지 않으시고 집요하고 끈질기게 우리 뒤를 추격하며 뒤따르십니다.

우리가 하나님은 정말 우리를 사랑하시는 참 좋으신 아버지시며, 우리의 진정한 유익을 위해 그처럼 애쓰신다는 사실을 깨닫고 그분을 온전히 신뢰하는 순간까지, 설령 우리가 그렇게 되는 것이 평생 걸린다고 할지라도 우리를 향하신 하나님의 추적은 멈추지 않습니다. 우리를 결단코 포기하지 않으시고 모든 희생을 치르시면서 끝까지 우리 뒤를 따르십니다.

3. 하나님의 선하심과 인자하심은 '일평생 동안' 내 뒤를 따릅니다

[시 23:6(히브리어 원문 성경)] 진실로 선하심과 인자하심이 **내가 사는 모든 날 동안(all the days of my life) 나를 따르리니** 내가 여호와의 집에 영원히 살게 될 것입니다

하나님의 선하심과 인자하심은 일평생 동안 나를 따라다닐 것입니다. '가능한 한 오랫동안'이 아닙니다. '내가 하나님을 사랑하는 동안'도 아닙니다. '내가 하나님께 순종하는 동안'도 아닙니다. '내가 하나님께 충성하는 동안'도 아닙니다. 나의 어떤 모습과도 상관없이, 내가 사는 모든 날 동안 매일, 매 순간 하나님의 선하심과 인자하심이 독생자 예수 그리스도의 귀한 생명을 값으로 지불하시고 그분의 자녀로 삼아 주신 나를 끈질기고 집요하게 추격하실 것입니다.

사랑하는 성도 여러분!

우리는 고달픈 인생살이 속에서 때로는 힘들고 지친 상태로 죽지 못해 생을 영위(營爲)해 나갈 때가 있습니다. 꿈도 희망도 없이 날마다 다람쥐 쳇바퀴 도는 것처럼 의미 없이 하루하루를 보낼 때도 있습니다. 아무도 나를 사랑해 주는 사람이 없고, 내 마음의 번민과 고통과 외로움을 알아주는 사람이 없다는 생각 때문에 시리도록 아픈 가슴을 부여안고 군중들 속에서 홀로 외롭고 쓸쓸하게 서 있을 때도 있습니다. 그렇게 굳게 다짐하고 결심했음에도 또다시 넘어지고 실패한 자신의 모습을 보며 포기하고 싶을 때도 있습니다.

그러나 그때에도 선하시고 인자하신 하나님은 절대로 우리 곁을 떠나지 않으십니다. 내 곁에 함께 계시는 그분은 그때에도 그분의 선하심을 거두지 않으십니다. 그리고 결코, 그분의 인자하심을 거두지 않으십니다. 물론, 그때에는 우리가 느낄 때 하나님의 선하심이 선하심처럼 느껴지지 않습니다. 오히려 아프게 느껴집니다. 억울하게 느껴지며 해를 끼치는 것처럼 느껴집니다.

그러나 지나 놓고 보면 하나님의 선하심은 완전하시고 정말 선하십니다. 진정으로 내게 유익이 되고 축복이 됩니다. 합력하여 선을 이루십니다. 또한, 하나님의 인자하심은 나의 모든 허물과 죄악과 실수를 그분의 독생자의 보배로운 피로 덮어 주십니다. 나를 무조건, 끝없이 용서하십니다. 나를 치유하시고 회복시켜 주십니다. 그래서 새로운 마음과 새로운 결심으로 다시 새롭게 시작하게 하십니다.

사랑하는 성도 여러분!

나를 향하신 하나님의 선하심과 인자하심은 영원무궁합니다. 내가 범죄하고 실수하여 죄책감과 자책감과 깊은 후회에 사로잡혀 있을 때도, 문제 속에서 슬퍼하고 괴로워할 때도, 깊은 외로움과 쓸쓸함을 느끼며 홀로 눈물 흘릴 때도, 하나님은 나를 향한 그분의 사랑을 결단코 거두지 않으십니다. 그러므로 여러분이 어떤 형편에 처하든지 하나님의 '헤세드' 사랑, '아가페' 사랑을 의심하지 마십시오. 언제 어디서나 어느 때든지 하나님을 온전히 믿고 신뢰하며 그분께 여러분의 모든 것을 다 맡기고 의탁하십시오.

그때 선한 목자이신 하나님께서는 여러분의 삶 속에 모든 것을 합력하여 선을 이루실 것입니다. 하나님의 선하심과 인자하심이 여러분의 생애 모든 날 동안에 집요하고 끈질기게 여러분의 뒤를 추격하며 뒤따르게 될 것입니다. 그래서 여러분도 인생의 석양에 서서 이제까지 걸어온 여러분의 인생길을 뒤돌아보며 다윗처럼 감격에 넘쳐 이렇게 고백하게 될 것입니다.

[시 23:6] 진실로 선하심과 인자하심이 내가 사는 모든 날 동안 나를 따르리니, 내가 여호와의 집에 영원히 살게 될 것입니다.

제11장
여호와의 집에 영원히 사는 삶 (시 23:6하)

> [시 23:6] … 내가 여호와의 집에 영원히 살리로다

프랑스의 왕, 루이 15세는 신하들에게 자기 앞에서는 절대로 '죽음'이라는 단어를 입 밖에 내지 말라고 엄명을 내렸다고 합니다. 그리고 그 엄명을 어기는 자는 무조건 감옥에 보냈습니다. 반면에 옛날 로마의 어느 황제는 아침에 신하들의 문안 인사를 받을 때마다 그들로 하여금 늘 이런 인사를 하도록 했다고 합니다.

"폐하, 죽음을 기억하십시오."

그런데 흥미로운 사실은, '죽음'이라는 단어를 생각조차 하기 두려워했던 루이 15세는 죽을 때 고통 속에서 몸부림치다가 갔지만, 늘 죽음을 의식하고 살았던 그 로마 황제는 아주 편안하게 죽음을 맞이했다는 것입니다.

우리가 죽음을 두려워하지 않고 편안하게 맞이하기 위해서는 하나님을 우리의 선한 목자로 모시고 계속해서 그분의 인도하심을 따라 살아야 합니다. 다윗은 일평생 동안 하나님을 자신의 선한 목자로 모시고 항상 그분의 인도하심을 따라 살았기에 죽음을 두려워하지 않았습니다. 그는 시편 23편을 마감하면서 이렇게 아름답게 고백합니다.

> [시 23:6(히브리어 원문 성경)] 진실로 선하심과 인자하심이 내가 사는 모든 날 동안 나를 따르리니 내가 여호와의 집에 영원히 살게 될 것입니다

　다윗은 일평생 동안 "진실로 여호와의 선하심과 인자하심이 내가 사는 모든 날 동안 반드시 나를 따른다"라는 믿음의 고백을 하며 살았습니다. 그러나 그것으로 끝나지 않았습니다. 그의 믿음의 고백의 결론은 "내가 여호와의 집에 영원히 살리로다"였습니다. 다윗의 이 신앙고백은 그가 소년 시절에 목자로서 양을 쳤던 실제 체험을 통해 더욱 분명하고 생생하게 고백됐습니다.

　팔레스타인의 목자들은 여름철이 되면 자기 양 떼를 몰고 먼 곳에 있는 높은 산 위의 초원으로 올라갑니다. 높은 산 위의 초원에는 양 떼가 여름 한철 동안 배부르게 먹을 수 있는 푸른 풀들로 가득 차 있습니다. 양 떼는 거기서 가을까지 잘 보낸 다음 풀이 다 말라 버리고 날씨가 견디기 힘들 만큼 쌀쌀해지면 다시 산 밑으로 내려와 집으로 향합니다. 양 떼는 기나긴 추운 겨울을 지내게 될 목자의 집의 풀밭과 우리와 피난처로 되돌아오는 것입니다.

처음 양 떼가 고원 위에 있는 초원에서 여름을 보낼 때는 마음껏 배부르게 먹을 수 있는 푸른 풀로 인하여 행복함을 느낍니다. 그러나 코 파리들을 비롯한 해충들이 자신들을 공격하고, 또 집 떠난 데서부터 오는 여러 가지 불편함과 피곤함과 힘듦을 느끼게 되면 떠나온 목자의 집을 그리워하게 됩니다. 게다가 날씨까지 쌀쌀해지면서 폭풍우와 눈보라가 휘몰아쳐 오면 목자의 집으로 돌아가고 싶어 하는 간절한 마음에 사로잡힙니다.

이런 양들의 사모하는 간절한 마음이 바로 다윗의 마음이기에 그는 이렇게 고백하는 것입니다.

[시 23:6하] … 내가 여호와의 집에 영원히 살리로다

여기서 "내가 … 살리로다"라는 단어(웨쇠브티)는 '내가 … 거주하리로다'(dwell)라는 뜻입니다. 이 단어의 시제가 완료형인데, 히브리어에서 완료형은 과거를 나타낼 때 주로 사용됩니다. 그러나 본문에서는 "영원히"(레오레크 야임)라는 단어과 함께 사용되었기에 미래를 나타냅니다. 이처럼 미래를 나타냄에도 불구하고 다윗이 완료형을 사용한 것은 그가 하나님의 집에 영원토록 거주하는 것은 너무도 분명하고 확실한 사실이기 때문입니다.

또 다윗이 완료형을 사용한 것은 자기 자신을 향하여 결단코 변하지 않을 굳센 다짐을 하는 것입니다.

"나는 어떤 일이 있어도 반드시 여호와의 집에 영원히 거주할 것이다."

양들이 임시 거처인 산 위의 초원 생활을 끝내고 목자의 집으로 완전히 돌아가야 하는 것처럼 하나님의 양인 우리도 나그네 인생을 끝내고 선한 목자이신 하나님이 예비해 놓으신 천국의 영원한 집으로 돌아가야 합니다.

주님께서는 우리가 하나님의 집에서 영원토록 살 수 있도록 지금 우리를 위해 영원한 거처를 예비하고 계십니다.

> [요 14:2-3] 내 아버지 집에 거할 곳이 많도다 그렇지 않으면 너희에게 일렀으리라 내가 너희를 위하여 거처를 예비하러 가노니 가서 너희를 위하여 거처를 예비하면 내가 다시 와서 너희를 내게로 영접하여 나 있는 곳에 너희도 있게 하리라

그렇다면 다윗처럼 하나님이 예비하신 천국의 영원한 집으로 돌아가서 그분과 함께 영원히 살게 될 우리는 이 세상에서 어떤 삶을 살아야 합니까?

1. 늘 하나님을 사모하며 그분과 교제하기를 힘써야 합니다

다윗이 사모했던 '여호와의 집'은 일차적으로 이스라엘 백성들이 성전을 건축하기 전, 하나님께 제사를 지냈던 '성막'이었습니다. 그리고 궁극적으로는 하나님이 계신 영원한 천국입니다. 다윗은 얼마나 간절히 '하나님의 집'을 사모했는지 모릅니다.

> [시 27:4] 내가 여호와께 바라는 한 가지 일 그것을 구하리니(NIV: One thing I ask from the Lord, this only do I seek), 곧 내가 내 평생에(all the days of my life) 여호와의 집에 살면서 여호와의 아름다움을 바라보며 그의 성전에서 사모하는 그것이라(to seek him in his temple)

이처럼 다윗은 '여호와의 집'을 사무치도록 사모했기에 그는 자기 생전에 성전 짓기를 갈망했습니다. 그러나 하나님께서 허락하지 않으셔서 자신이 직접 짓지는 못했습니다. 그렇지만 그는 일평생 동안 성전 건축을 위해서 정성을 다해 준비했고 아들 솔로몬이 성전을 지을 수 있도록 최선을 다해 도왔습니다.

다윗이 이렇게 '여호와의 집'인 성막이나 성전을 간절히 사모한 이유가 무엇입니까?

성막이나 성전은 하나님께서 친히 임재하셔서 하나님의 백성들을 만나주시고, 그들의 예배를 받으시며, 그들과 친밀히 교제하는 곳이기 때문입니다. 따라서, 다윗이 '여호와의 집'인 성막이나 성전을 그토록 사무치도록 사모한 것은 성막이나 성전 그 자체 때문이 아닙니다. 바로 성막이나 성전에 임재하여 계시는 하나님을 사모한 것입니다. 다윗은 그처럼 하나님 만나기를 그리워했고, 하나님을 만나 그분과 교제하기를 그처럼 간절히 사모했던 것입니다.

하나님이 우리를 위해 예비해 놓으신 천국의 영원한 집은 우리와 함께하시는 하나님과 우리가 영원토록, 온전하게 교제하는 처소입니다. 요한계시록 21장에서 성경은 주님의 재림과 최후 심판으로 완성될 영원한 천국인 새 하늘과 새 땅의 가장 중요한 특징을 세 번이나 거듭 반복하여 말씀하십니다.

> [계 21:3] 내가 들으니 보좌에서 큰 음성이 나서 이르되 보라 하나님의 장막이 **사람들과 함께 있으매** 하나님이 **그들과 함께 계시리니** 그들은 하나님의 백성이 되고 하나님은 친히 **그들과 함께 계셔서**

우리는 이 땅에서 하나님을 예배하고 그분과 교제할 때 하나님의 임재를 온전히 경험하지는 못합니다. 하나님의 임재를 부분적으로 느끼면서 불완전하게 하나님과 교제합니다. 그러나 천국에서 우리는 충만한 하나님의 임재를 느끼면서 온전하게 하나님과 교제하게 될 것입니다. 그래서 바울은 고린도전서 13장 12절에서 이렇게 고백합니다.

> [고전 13:12] 우리가 지금은 거울로 보는 것같이 희미하나 **그 때에는 얼굴과 얼굴을 대하여 볼 것이요** 지금은 내가 부분적으로 아나 **그 때에는 주께서 나를 아신 것같이 내가 온전히 알리라**

다윗은 이 땅에서 살 때 '하나님의 집'을 늘 사모하며 살았습니다. 늘 하나님을 그리워하면서 하나님의 임재를 기뻐하고 그분과 교제하기를 힘쓰며 살았습니다. 여러분도 다윗처럼 하나님을 사모하고 하나님의 임재를 기뻐하며 그분과 교제하기를 힘쓰며 사십시오. 그때 영원한 집인 천국에서 항상, 영원토록 하나님과 함께하면서 말로 다 할 수 없는 하나님과의 교제의 축복과 기쁨을 누리게 될 것입니다.

그러기에 하나님이 예비하신 천국의 영원한 집으로 돌아가서 그분과 함께 영원히 살게 될 우리는 이 땅에서 나그네 인생을 살아갈 때 그 무엇보다 하나님을 사모하며 그분과 교제하기를 힘써야 합니다.

2. 내 인생이 나그네 인생임을 기억해야 합니다

여름 한철 동안 양 떼는 푸른 풀들로 가득한 높은 산 위의 초원에서 마음껏 배부르게 먹고 살지만, 그것은 잠시 여름 한철 동안뿐입니다. 그 기간은 금방 지나갑니다. 가을이 되어 풀이 마르고 날씨가 쌀쌀해지면서 폭풍우와 눈보라가 휘몰아쳐 오면 반드시 산 밑으로 내려와 목자의 집으로 돌아와야 합니다.

우리 인생 역시 그러합니다. 우리가 이 땅에 사는 것은 마치 양들이 여름 한철 동안 산 위의 초원에서 보내는 것과 같습니다. 다윗은 자신이 영원히 살 곳이 '여호와의 집'이라고 고백합니다.

> [시 23:6] … 내가 **여호와의 집**에 영원히 살리로다

우리가 영원히 살게 될 곳은 '여호와의 집'입니다. 이 '세상의 집'은 우리가 잠시 머물다 가는 '임시 거처'입니다. 그러기에 이 '세상의 집'은 진정한 의미에서 '우리 집'이라 말할 수 없습니다.

> [빌 3:20] 오직 **우리의 시민권은 하늘에 있는지라** …

> [벧전 2:11] 사랑하는 자들아 **거류민과 나그네와 같은 너희**를 권하노니 영혼을 거슬러 싸우는 육체의 정욕을 제어하라

믿음의 선배들은 이 세상을 살아갈 때 단 한 번도 이 세상을 그들의 본향으로 생각하지 않았습니다. 그들은 이 세상에서 자신들의 정체성(identity)이 "거류민"이요, "외국인"이요, "나그네"임을 단 한순간도 잊은 적이 없었습니다. 히브리서 11장 13-16절에서 성경은 그 사실을 명확하게 지적하고 있습니다.

> [히 11:13-16] 이 사람들은(믿음의 사람들은) 다 믿음을 따라 죽었으며 약속을 받지 못하였으되 그것들을 멀리서 보고 환영하며 또 **땅에서는 외국인과 나그네임을 증언**하였으니 그들이 이같이 말하는 것은 자기들이 **본향**(本鄕) **찾는 자임을 나타냄이라** … 그들이 이제는 더 나은 본향을 사모하니 곧 하늘에 있는 것이라 …

사랑하는 성도 여러분!

우리 역시 믿음의 선배들처럼 반드시 우리의 정체성을 명확하게 인식하고 이 세상을 살아야 합니다. 우리는 인생을 살아가면서 우리를 힘들게 만드는 거칠고 가파르고 굽은 지점들을 지나가게 되고, 우리의 발걸음을 걸려 넘어지게 만드는 울퉁불퉁한 곳을 지나게 됩니다. 거칠고 가파르고 굽은 지점들과 울퉁불퉁한 곳은 우리가 사는 이곳이 우리의 진정한 집이 아니라는 사실을 일깨워 줍니다.

배우자가 먼저 세상을 떠나거나 자녀를 잃거나 가슴에 멍울이 만져지거나 몸에 종양이 발견되거나 직장과 사업에 위기가 닥치거나 가정이 깨어질 위험 앞에 직면했을 때, 우리는 내가 사는 집은 잠시 머물다 가는 '임시 거처'이며 나는 '나그네'이며 내 인생은 '나그네 길'임을 깊이 깨닫게 됩니다.

우리는 우리를 힘들게 만드는 인생의 거칠고 가파르고 굽은 지점들과 우리의 발걸음을 걸려 넘어지게 만드는 울퉁불퉁한 곳을 지날 때만 그 사실을 깨닫고 살아서는 안 됩니다. 언제, 어디서, 무엇을 하든지 그 사실을 깨닫고 살아야 합니다. 그때 우리는 이 땅을 살면서 고향 집에서 사는 것처럼 행동하지 않게 될 것입니다.

고향으로 돌아갈 분명한 계획이 있는 사람들은 타향에서 살 때 그곳을 임시 거처로 삼고 단순하게 살지, 마치 일평생 동안 거주할 고향처럼 많은 것을 갖추고 복잡하게 살지 않습니다. 우리가 많은 것을 갖추고 복잡하게 타향살이하는 사람들을 보면 우리는 그들을 가리켜서 바보라고, 정신 나간 사람이고, 참 어리석고 미련한 사람이라고 손가락질할 것입니다.

그러나 실제로 인생을 그렇게 어리석고 미련하게 사는 그리스도인들이 너무나 많이 있습니다. 머리로는 아니지만, 실제 행동으로는 이 '세상의 집'을 '영원한 거처'로 여기고 삽니다. 이 세상을 자신의 '본향'으로 여기며 삽니다. 이것이 오늘날 그리스도인들의 최대 비극입니다. 하늘의 고향에서 멀리 떨어져 있으면서도 향수를 전혀 느끼지 못한다는 것입니다. 영원한 아버지의 집을 나와 객지에서 떠돌아다니면서도 아무런 불편함을 느끼지 않는다는 것입니다.

사랑하는 성도 여러분!

우리는 결단코 그렇게 살아서는 안됩니다.

영원한 본향인 하늘나라를 늘 사모하며 갈망하며 사십시오. 하나님 아버지가 계신 영원한 본향을 늘 그리워하며 사십시오. '하나님의 집'이 우리가 영원히 살 집입니다. 천국이 우리의 진정한 본향입니다. 주님께서는 지금 우리를 위해서 그 집을 예비하고 계십니다.

> [요 14:2-3] … 내가 너희를 위하여 거처를 예비하러 가노니 가서 너희를 위하여 거처를 예비하면 내가 다시 와서 너희를 내게로 영접하여 나 있는 곳에 너희도 있게 하리라

3. 영원한 본향으로 돌아갈 준비를 철저히 해야 합니다

여름 한철 동안 높은 산 위의 초원에서 잘 지냈던 양들은 가을이 되어 풀이 마르고 날씨가 쌀쌀해지면 목자의 집으로 돌아갈 준비를 해야 합니다. 그런데 종종 양들 가운데는 겨울이 오고 있는데도 목자를 따라 집으로 내려가기를 거부하는 고집 센 양들이 있습니다. 산 위의 초원에서 여름 한철을 보내는 양들에게 있어서 가장 필요한 준비는 겨울이 오는 것을 알고 목자의 인도를 따라 집으로 돌아갈 준비를 하는 것입니다.

우리가 나이를 먹는다는 것은, 기억력이 감퇴하고 건망증이 심해진다는 것은, 인생의 겨울이 다가오고 있다는 분명한 증거입니다. 어떤 책에서 나이를 먹는다는 것을 이렇게 표현했습니다.

> … 치아에 문제가 생긴다. 장기(臟器) 기능에 이상이 생긴다. 근육이 퇴화된다. 정서가 불안해진다. 기억력이 감퇴되고, 때로는 치매기와 같은 모습이 나타난다. 시력과 청력이 점점 상실된다. 발기부전 현상이 나타난다. 중풍기가 있고, 종양이 생긴다. 팔다리 기능이 저하된다. 관상 동맥에 이상이 생긴다. 치질은 기본이다. 죽음이 찾아온다.

일반적으로 나이를 먹는다는 것은 즐겁고 유쾌한 일은 아닙니다. 사람들은 나이 먹는 것을 피해 보려고 가능한 한 모든 방법을 동원합니다. 시간이나 돈이나 노력을 아까워하지 않습니다. 몸을 치장합니다. 건강을 유지하기 위해 밤낮으로, 꼭두새벽부터 열심히 노력합니다. 몸이 상하지 않도록 애를 씁니다.

물론, 우리는 이렇게 해야 합니다. 몸은 하나님이 우리에게 주신 귀한 선물이기 때문입니다. 몸이 건강해야 하나님이 우리에게 맡겨 주신 일들도 잘 감당할 수 있습니다. 더구나 우리 몸은 우리의 보배로운 영혼을 담고 있는 질그릇입니다.

개혁 신학에서는 우리 육체도 하나님 형상의 일부분이라고 말합니다. 왜냐하면, 우리 육체는 우리 영혼이 거주하는 거소(居所)이고, 또 우리 영혼이 자기를 표현하는 도구이기 때문입니다. 그러므로 우리는 하나님의 귀한 선물인 우리 육체를 잘 양육하고 보호하고 지킬 책임이 있습니다.

> [엡 5:29] 누구든지 언제나 자기 육체를 미워하지 않고 오직 양육하여 보호하기를 그리스도께서 교회에게 함과 같이 하나니

그러나 동시에 우리는 반대되는 사실도 기억해야 합니다. 우리 몸은 반드시 죽어야 합니다. 그래야 주님께서 재림하셔서 완성될 천국인 새 하늘과 새 땅에서 새로운 몸으로, 주님을 닮은 영화로운 몸으로 영원히 살 수 있기 때문입니다.

> [고전 15:50] … 혈(血)과 육(肉)은 하나님 나라를 이어받을 수 없고 또한 썩는 것은 썩지 아니하는 것을 유업으로 받지 못하느니라

> [고전 15:51-53] 보라 내가 너희에게 비밀을 말하노니 우리가 다 잠 잘 것이 아니요 마지막 나팔에 순식간에 홀연히 다 변화되리니 나팔 소리가 나매 죽은 자들이 썩지 아니할 것으로 다시 살아나고 우리도 변화되리라 이 썩을 것이 반드시 썩지 아니할 것을 입겠고 이 죽을 것이 죽지 아니함을 입으리로다

그러므로 나이를 먹는다는 것은 하나님의 오묘하신 섭리입니다. 우리로 하여금 영원한 본향인 천국을 바라보게 하는 하나님의 방법입니다. 우리는 늙어 가는 노화 과정을 결코 되돌릴 수 없습니다. 그러나 우리의 태도는 바꿀 수 있고, 또 반드시 바꾸어야 합니다.

어떻게 바꾸어야 합니까?

늙어 가는 것을 천국에서 한 송이의 아름다운 꽃을 피우기 위한 과정으로 생각하고 기뻐하는 것입니다. 우리가 나이를 먹어가고, 몸이 쇠약해지는 것은 천국에서 아름다운 꽃을 피우기 위해서입니다. 우리가 늙어 가고, 우리 몸이 쇠약해지는 것을 바라보는 천사들은 우리를 보면서 이렇게 말할지 모릅니다.

"저 아줌마 좀 봐!

병원에 입원했네. 곧 꽃이 피겠어!"

"심장이 나쁜 저 남자를 잘 봐!

곧 고향 집에 돌아오겠는걸!"

비록 지금 우리 몸에 아무 문제가 없고 건강하다고 해도 성경은 우리 몸을 가리켜서 '낮은 몸', '비천한 몸'이라고 말합니다.

[빌 3:21] 그는(주님께서는) 만물을 자기에게 복종하게 하실 수 있는 자의 역사(役事)로 **우리의 낮은 몸을** 자기 영광의 몸의 형체와 같이 변하게 하시리라

우리의 몸은 '약하디약한 몸'입니다. 우리 몸은 숨을 쉬기 시작하는 그 순간부터 늙어 가기 시작합니다. 그런데 주님의 말씀에 의하면 이 모두가 하나님이 세우신 계획 가운데 일부라는 것입니다. 주름살 하나하나, 아픈

곳 하나하나는 우리 인생의 마지막 단계에 한 걸음 한 걸음 더 가까이 다가가도록 해 줍니다. 주님께서 재림하시면 우리의 낮고 비천한 몸을, 약하디 약한 몸을 영원히 늙지 않고 쇠하지 않고 죽지 않는 주님의 영광의 몸과 같은 영화로운 몸으로 바꿔주실 것입니다.

> [빌 3:21] 그는(주님께서는) 만물을 자기에게 복종하게 하실 수 있는 자의 역사(役事)로 **우리의 낮은 몸을 자기 영광의 몸의 형체와 같이 변하게 하시리라**

> [요일 3:2] 사랑하는 자들아 우리가 지금은 하나님의 자녀라 장래에 어떻게 될지는 아직 나타나지 아니하였으나 **그가 나타나시면(재림하시면) 우리가 그와 같을 줄을 아는 것은** 그의 참모습 그대로 볼 것이기 때문이니

주님의 재림과 최후 심판으로 완성될 영원한 천국인 새 하늘과 새 땅에서 영원토록 살 우리 육체는, 고통도 없고 눌림도 없고 아픔도 없고 쇠함도 없고 질병도 없고 죽음도 없고 끝도 없습니다. 요한계시록 21장 4절에서 성경은 그 사실을 분명히 말씀하십니다.

> [계 21:4] **모든 눈물을 그 눈에서 닦아 주시니 다시는 사망이 없고 애통하는 것이나 곡하는 것이나 아픈 것이 다시 있지 아니하리니** 처음 것들이 다 지나갔음이러라

우리가 지금 사는 이 세상의 집은 영원히 살 집이 아닙니다. 잠시 머무르는 임시 거처에 지나지 않습니다. 이 세상은 우리가 터 잡고 살 고향이 아닙니다. 잠시 스쳐 지나가는 타향입니다. '하나님의 집' 문을 열고 들어서는

순간, 모든 의미를 잃게 됩니다.

그러므로 나이를 먹어가고 늙어 가는 것을 느낄수록 더욱더 영원한 '하나님의 집'으로 돌아갈 준비를 해야 합니다.

어떻게 준비해야 합니까?

유명한 영성가 헨리 나우웬(Henri J. M. Nouwen, 1932-1996)은 『죽음, 가장 큰 선물』(*Our Greatest Gift*)에서 이렇게 죽음을 준비하라고 권면합니다.

> 죽음을 준비할 때 가장 좋은 태도는 어린아이처럼 되는 것입니다.

우리가 세상에 막 태어났을 때는 무력한 존재였습니다. 그러기에 우리는 우리를 돌보는 부모님을 철저히 의존할 수밖에 없었습니다. 우리가 이 땅을 떠나 영원한 아버지의 집으로 돌아갈 때 역시 철저히 하나님을 의존해야 합니다. 우리 삶과 인생은 우리의 욕망을 위해 끊임없이 몸부림치는 과정입니다. 그에 반해 죽음은 이 몸부림을 포기해야 하는 순간입니다.

우리의 욕망에 대한 몸부림을 하나님 앞에서 깨끗이 포기하고 우리의 전 존재를 하나님 아버지 앞에 전적으로 내어 드리는 순간이 바로 죽음의 순간입니다.

헨리 나우웬은 계속해서 이렇게 권면합니다.

> 어린아이들이 몸부림치면 부모는 아이를 편히 안아줄 수 없습니다. 어린아이가 자기의 존재를 그냥 내놓고 있을 때 아빠와 엄마 역시 자기의 전 존재로 사랑하는 자녀를 끌어안는 것처럼, 우리가 하나님을 의존하며 내 존재를 주 앞에 온전히 내놓는 순간 하나님 아버지의 완벽한 임재와 함께

그 안에서 우리를 끌어안으시는 하나님을 경험하게 됩니다. 그것이 바로 죽음입니다. 그러므로 죽음은 가장 위대한 선물(the greatest gift)입니다.

이렇게 어린아이처럼 잘못된 욕망을 끊고 하나님을 철저히 의존하며 살아가는 사람은 죽음이 하나님의 가장 위대한 선물이 됩니다.
대표적인 사람이 바울 사도가 아닙니까?
바울 사도가 얼마나 죽음을 사모하며 기다렸습니까?

[고후 5:1-2] 만일 땅에 있는 우리의 장막 집이 무너지면 **하나님께서 지으신 집 곧 손으로 지은 것이 아니요 하늘에 있는 영원한 집이 우리에게 있는 줄 아느니라 참으로 우리가 여기 있어 탄식하며 하늘로부터 오는 우리 처소로 덧입기를 간절히 사모하노라**

[빌 1:23-24] 내가 그 둘 사이에 끼었으니 차라리 **세상을 떠나서 그리스도와 함께 있는 것이 훨씬 더 좋은 일이라** 그렇게 하고 싶으나 내가 육신으로 있는 것이 너희를 위하여 더 유익하리라

반면에 잘못된 욕망을 끊지 못하고 하나님을 철저히 의존하며 살지 않는 사람들에게는 죽음이 너무나 두렵고 참혹한 저주가 되고 맙니다.
1980년 3월 프랑스 파리의 부르세병원에 한 세기를 떠들썩하게 하던 존경받는 한 지성인이 폐수종(肺水腫) 때문에 입원했습니다. 그는 한 달 동안 이 병원에서 발악을 했습니다. 소리를 지르고 찾아온 사람들에게 고함을 치고 절규합니다. 그러면서도 그는 죽음에 대한 불안과 공포 때문에 자기

의 병명이 무엇인가를 곁에 서 있는 자기 아내에게도 묻지 못합니다. 아내조차도 죽음에 대한 공포 때문에 자기 남편에게 그의 병명을 말해 주지도 못합니다.

그런데 이 사람처럼 글로써 현대인들에게 깊은 감동을 끼친 사람도 없었습니다. 그는 '자유'라는 이름 아래 수많은 수필을 썼고 글을 남겼습니다. 그가 바로 20세기에 가장 커다란 발자취를 남겼던 실존주의 철학자 사르트르(Jean-Paul Sartre, 1905-1980)였습니다. 1980년 4월 16일 그는 입원한 지 한 달 만에 병원에서 그렇게 죽음을 두려워하다가 처참하게 세상을 떠났습니다.

사르트르와 함께 현대의 지성인들에게 가장 큰 영향력을 끼쳤던 또 한 사람이 있습니다. 그는 독일 고백교회의 신학자 본회퍼(Dietrich Bonhoeffer, 1906-1945)였습니다. 본회퍼는 사르트르보다 훨씬 앞서서 제2차 세계대전 중에 나치에게 항거하다가 붙잡혀 수용소에서 죽어갔습니다. 어느 날 갑자기 한 간수가 감방문을 두드리고 들어왔습니다. 본회퍼는 직감적으로 이것이 자기의 마지막인 것을 알았습니다. 그러자 그는 벌떡 일어나서 감방에 있던 자기의 동지들에게 이렇게 인사를 했습니다.

"동지 여러분!
이제 나에게는 죽음이 왔소. 그러나 기억하시오, 이것은 마지막이 아니고, 시작이오. 주께서 나를 위해서 예비하신 아버지의 집에서 만날 때까지 여러분 안녕히 계시오."

그리고는 아무 두려움 없이 감방을 나섰습니다. 본회퍼를 뒤덮고 있는 놀라운 평안과 기쁨이 감옥 속에 있는 모든 사람에게 흘러갔습니다. 사람들은 하나님을 철저히 의존하고 신뢰하는 본회퍼의 모습을 보면서 큰 충격과 감동을 받았습니다.

사랑하는 성도 여러분!

여러분의 남은 생애 동안 늘 하나님을 사모하고 그분과 교제하기를 힘쓰십시오. 우리의 인생이 나그네 인생임을 기억하고 천국의 영원한 아버지 집으로 돌아갈 준비를 철저히 하십시오. 그때 우리는 다윗이나 본회퍼처럼 "내가 여호와의 집에 영원히 살리로다"라고 아름답게 고백하면서 남은 인생을 하늘나라의 시민답게 나그네로 이 세상을 살 수 있습니다. 그리고 이 땅을 떠나 영원한 아버지의 집에 들어갈 때 우리는 가슴 벅찬 감동으로 〈예수 인도하셨네〉라는 찬양을 부르게 될 것입니다.

《예수 인도하셨네》

1. 내 인생 여정 끝내어 강 건너 언덕 이를 때
하늘 문 향해 말하리 예수 인도하셨네

2. 이 가시밭길 인생을 허덕이면서 갈 때에
시험과 환난 많으나 예수 인도하셨네

3. 내 밟은 발걸음마다 주 예수 보살피시사
승리의 개가 부르며 주를 찬송하리라

후렴: 매일 발걸음마다 예수 인도하시네
나의 무거운 짐을 모두 벗고 하는 말
예수 인도하셨네